Ganed Roger Boore yng Nghaerdydd, ac yno mae'n byw. Mae ganddo radd yn y Clasuron o Rydychen, a PhD mewn Hanes o Brifysgol Cymru Abertawe. Yn 1970 sefydlodd Wasg y Dref Wen gyda'i wraig Anne. Hwn yw ei drydydd llyfr taith; rhoddwyd canmoliaeth uchel i'w ragflaenwyr.

Llyfrau gan Roger Boore

Taith
Glas y Sierra: taith trwy ddwyrain Sbaen
Marchogion Crwyddol: taith trwy berfeddwlad Sbaen
Taith i Awstralia

Eraill
Y Bachgen Gwyllt
Llyfrau Plant mewn Ieithoedd Lleiafrifol
Ymerodraeth y Cymry

ROGER BOORE

Glas y Sierra

Taith trwy ddwyrain Sbaen

DREF WEN

I'M GWRAIG

Mae Roger Boore wedi datgan ei hawl i gael ei adnabod
fel awdur y gwaith hwn yn unol â
Deddf Hawlfraint, Dyluniadau a Phatentau 1988.

© Roger Boore 2010
Cyhoeddwyd 2010 gan Wasg y Dref Wen,
28 Ffordd yr Eglwys, Yr Eglwys Newydd,
Caerdydd CF14 2EA
Ffôn 029 20617860.

Map gan Anna Ratcliffe

Argraffwyd ym Mhrydain.

CYNNWYS

1 Autopista

Roedd hi'n ddiwedd mis Gorffennaf a rhyw wyliau cymysg oedd o'n blaen: pythefnos yn Jávea ar y Costa Blanca, yna cylchdaith fach trwy ddwyrain Sbaen ar y ffordd adre.

Mynd yn y car – yr hen Volvo Estate coch – y bydden ni, ac roedd yn sefyll o flaen y tŷ, wedi ei lwytho ac yn barod i ymadael. Ac roeddwn i ar fin cymryd y llyw pan syrthiodd lens allan o'm sbectol.

Nid y lens oedd y drwg; glaniodd yn ddiogel yn fy llaw, a gwaith chwarter awr oedd cael optegydd yn y pentre i'w hailosod. Yr argoel oedd y drwg. Dylwn fod wedi sylweddoli bod jincs wedi clwydo ar fy ysgwydd, fel rhyw dderyn bach melyn maleisus, ac y byddai'n dod â llu o fân anffodion i'n rhan yn ystod y gwyliau hyn.

Cychwynnon ni am Portsmouth i ddal y fferi i Caen, ac ymhen ychydig, am ei fod yn ddiwrnod poeth, troesom yr aer-dymheru ymlaen. Ond weithiodd e ddim, er i'r garej ei archwilio ychydig ddyddiau ynghynt. Doedd fawr o ots am hynny yn Lloegr, ond beth am Ffrainc – a beth am Sbaen? Haf yn Sbaen heb aer-dymheru yn y car – byddai'n hunllef! …

Daethom i Portsmouth ac ymuno â'r ceir ar y cei. A phan chwifiwyd arnon ni i symud ymlaen, gwrthododd yr injan ailgychwyn. Danfonwyd tryc gan yr awdurdodau a rhoi cychwyn naid inni a gyrron ni ar y fferi. Y cwestiwn oedd – a fydden ni'n medru gyrru oddi arni? …

Cychwynnodd y Volvo ar unwaith yn Caen, a mynd â ni i'r gwesty, a chychwynnodd drachefn yn y bore. Ond pryd a phle byddai'n methu nesaf? Buom yn pryderu bob cam i'r Costa …

Dilynon ni'r traffyrdd trwy Normandi a ffiniau Llydaw, trwy Poitou a Gwasgwyn a'r Pyreneau – pellteroedd anferth heb stopio bron, rhag ofn pallu symud eto – ac aros yr ail noson ychydig tu draw i Pamplona. Cychwynnodd y car yn y bore, ac aethom i lawr trwy Navarra i Aragón, yna heibio Zaragoza ac i fyny i Teruel yn yr ucheldir, a'r haul yn danllyd a'r Volvo, heb yr aer-dymheru, fel popty. Tua'r hwyr disgynnon ni i lan y môr ger Valencia.

Mae *autopista* – traffordd – arfordir Valencia bob amser yn brysur yr adeg hon o'r flwyddyn, oherwydd y ceir sy'n tyrru o'r gogledd. Dau brif fath o deithwyr sydd: Ewropeaid yn rhuthro i'w gwyliau haf, a Mwslimiaid ar eu pererindod flynyddol i'w gwreiddiau yng ngogledd Affrica. Teithia'r Mwslimiaid, gan mwyaf, mewn confois araf o hen siandris cleisiog, wedi'u stwffio hyd at fyrstio â phlant, gwragedd ac eiddo, gyda rhagor o eiddo – rhagor o wragedd hefyd efallai – dan darpolin ar y to. Ymfudiad tymhorol tylwythol ydyw, gan bobl o fyd arall.

Mae *peaje* tu draw i Valencia – rhes lydan o fythod talu yn ymestyn ar draws yr *autopista*. Roedd cwt hir o geir yn aros wrth bob bwth, ac eraill yn cyrraedd yn ddi-baid, gan chwilio'n betrus am y cwt oedd fyrraf ar y foment. Tua dau gilometr yr awr oedd cyflymdra ein cwt ni. Roedd car Mwslimaidd, ag "NL" ar y plât, o'n blaen, car Mwslimaidd arall tu ôl, a thrydydd yn ceisio trwyno i mewn. Rhaid oedd gwylio'r trwynwr 'na! Fe'i gwyliasom mor astud nes rhedeg i gefn yr NL …

A dyma yrrwr yr NL allan, ac yn dod tuag atom: llanc croendywyll, tal, tenau, gyda gwên watwarus; Arabaidd ei olwg, Ewropeaidd ei osgo. Cododd ei law dde gan rwbio'i fys bawd a'i fynegfys yn ei gilydd. "*You pay!*" meddai. "*You pay!*"

Am iob! ... Tybed a oedd cyllell ganddo? ... Euthum i edrych ar y difrod.

Er i'r llanc ddarganfod dau grafiad bach rhydlyd hynafol ar gefn yr NL, a honni mai ni a'_ hachosodd, yr unig wir niwed oedd bod y capan plastig ar eu *towbar* – gwerth chwecheiniog efallai – yn rhacs, a bod tolc bach yn ein plât rhifau ni, i'w ychwanegu at ein holl dolciau eraill: yr hyn a ddisgwyliech ar ôl gwrthdrawiad ar ddau gilometr yr awr ...

Areithiai'r llanc yn huawdl, yn Saesneg, am glwyfau dychrynllyd yr NL. Oni bai am ei anian mor amlwg droseddol, buasai'n dipyn o glod i'r gyfundrefn addysg Iseldiraidd.

Daeth dyn canol oed o'r NL: tad y llanc, mi dybiwn, ond yn ddigon gwahanol iddo. Un gwylaidd, tawel oedd e; ni ddywedodd air. Ond roedd eu ffrindiau o geir eraill yn ymgasglu – dynion dieithr, gwgus.

Cyrhaeddodd swyddog o'r *peaje* i'n clirio o'r ffordd. Doedd yr Arabiaid ddim yn deall ei Sbaeneg, a phan ddringon ni i'r Volvo, cododd corws o leisiau – "*Where you go? Where you go?*" Aethom i'r cysgod wrth ymyl yr *autopista*, a daeth tri neu bedwar llond car ohonynt ar ein hôl. Ond dim ond y dynion a ddisgynnodd. Arhosodd y gwragedd yn y ceir: ysbrydion wedi'u lapio mewn du, a llygaid fel cyrens yn syllu arnom trwy'r ffenestri.

Y drefn gywir – onid e? – yn achos gwrthdrawiad ceir, yw cyfnewid manylion yswiriant.

"*Have you got your insurance papers?*" holodd fy ngwraig.

Edrychodd pawb arni'n hurt. Hwyrach nad oedden nhw'n deall y gair "*insurance*" – ddim hyd yn oed yr iob.

"*Seguro?*" meddwn. Dyna'r gair Sbaeneg, rwy'n meddwl. Ond ni thyciodd.

Y gair Iseldireg oedd angen. Doedd gennym ddim clem beth allai hwnnw fod, ond trwy ryw wyrth neidiodd gair Almaeneg i'm meddwl:

"*Versicherung?*" ...

Dim ymateb.

"Assurance?" meddai fy ngwraig.

A dyma beth diddorol. Doedd yr iob ddim yn deall ond goleuodd wynebau'r genhedlaeth hŷn, y rhai oedd wedi ymfudo i'r Iseldiroedd o wledydd gogledd Affrica lle mae pawb yn dysgu Ffrangeg. Setlwyd popeth yn daclus, aethom oll i'n hynt, a dyna'r olaf a glywsom am y mater – hyd yma beth bynnag.

Profiad newydd inni oedd ymwneud â chriw o Fwslimiaid fel hyn. Roedden nhw'n olreit, at ei gilydd, ar wahân i'r iob a'r gwragedd. Fe'u cawsom yn ddrwgdybus, anghyfeillgar, rhesymol, digon cwrtais, a hollol ddihiwmor. Ond nid damwain gar yw'r achlysur gorau i wneud ffrindiau, efallai.

Rydyn ni'n nabod rhywun yn Jávea, o'r enw Pete, sy'n athrylith am drwsio ceir. Felly aethom i'w weld drannoeth.

"Mae eisiau batri newydd," meddai. "Mi gewch chi un yn siop Amica yn Denia."

Mae oddeutu deg milltir o Jávea i Denia. Aethom yn ddidrafferth a dod yn ôl yn ddidrafferth, a newidiodd Pete y batri. Roedd e'n nabod boi arall oedd yn arbenigo ar aer-dymheru, felly trwsiwyd hwnnw hefyd, a nawr medrem deithio'n gysurus a dibryder …

Y dydd Sadwrn canlynol aethon ni i Alicante i nôl ffrindiau, teulu o dri, oedd yn aros mewn gwesty yng nghanol y ddinas; taith o 93 chilometr. Ymunon ni â'r *autopista* ger Teulada, pasio Benissa, Altea, Benidorm a Villajoyosa, a throi i mewn i Alicante i chwilio am y gwesty. Hen dref â system unffordd labyrinthaidd yw Alicante, a buon ni'n troi mewn cylchoedd am hydoedd. Ac wrth inni gylchu, methodd yr aer-dymheru.

Prysuron ni'n ôl tua Jávea heibio Villajoyosa, Benidorm, Altea a Benissa – a heibio Teulada hefyd, achos imi golli'r troad. Y troad i Denia oedd nesaf, ond hanner ffordd iddo pesychodd yr injan, a diffodd, a bu'n rhaid imi dynnu i'r llain galed. A dyna lle roedden ni'n sefyllian ar yr asffalt, dan haul tanbaid ac wybren ddigwmwl, am hanner awr wedi dau y prynhawn.

Ffoniodd fy ngwraig ganolfan Ewropeaidd yr RAC yn Lyon.

Allwn i ddim ffonio, achos fedra i ddim gwisgo fy nghymhorthion clyw gyda ffôn symudol a hebddyn nhw dwi'n fyddar bost.

Dywedodd dyn yr RAC y byddai tryc achub eu hasiant Sbaenaidd yn cyrraedd cyn pen yr awr. Os na ellid atgyweirio'r car, meddai, byddai'r RAC yn talu am logi un arall, yn talu am inni aros mewn gwesty am hyd at bythefnos, ac yn talu am gludo'r Volvo adre – dyna oedd ein dealltwriaeth ni o leiaf. Person calonogol iawn oedd e.

Ar ôl deg munud ceisiais ailgychwyn y car, a llwyddo! Ond ymhen ychydig gilometrau dyma ailadrodd y peswch a'r diffodd, a thynnais i'r ochr eto. Y tro hwn roeddwn i'n lwcus; cefais loches rhag yr haul dan bont. Yn ôl mynegbost mawr glas gerllaw, roedden ni 1,000 o fetrau o'r troad i Denia ac Ondara, a ffoniodd fy ngwraig yr RAC i'w hysbysu am hynny. Ond er imi drio droeon, fedrwn i ddim ailgychwyn y Volvo.

"*Grúa*" yw'r gair Sbaeneg am dryc achub, ac am 3.15 wele *grúa* yn cyrraedd … Ond dyma siom – nid *grúa*'r RAC oedd e ond *grúa* annibynnol yn criwsio. Cododd y gyrrwr foned y Volvo a gweld y broblem ar unwaith: roedd y batri wedi methu am fod y ffanbelt wedi datgysylltu ac yn gorwedd yn llipa yng nghrombil y peiriant; heb dorri ond wedi treulio'n arw. Rhaid mai dyna oedd gwreiddyn y drafferth ar gei Portsmouth hefyd – pam na sylwodd Pete ar y ffanbelt, athrylith ag yr oedd, yn lle newid batri diniwed?

"Mi alla i eich cario o'r *autopista*," meddai dyn y *grúa*. "Ond bydd gofyn ichi dalu."

"Dim diolch," meddwn. "Rydyn ni'n disgwyl *grúa*'r RAC unrhyw funud." Camgymeriad dybryd!

Am 3.30 daeth awr yr RAC i ben, a ffoniodd fy ngwraig Lyon. Siaradodd ag "Amanda".

"Fydd y *grúa* ddim yn hir," meddai Amanda.

Am 3.45, ffoniodd fy ngwraig eto.

"All y *grúa* ddim dod o hyd ichi heb wybod eich *exact kilometre position*," meddai Amanda.

"Dwi wedi dweud eisoes ein bod ni 1,000 o fetrau o droad

Denia ac Ondara, cyfeiriad Alicante-Valencia," ebe fy ngwraig.
"Beth arall ych chi angen wybod?"

Am 3.50 tynnodd tryc tebyg i *grúa* i mewn tu ôl inni, a daeth
dyn sgwaraidd siriol, mewn iwnifform olau, tuag atom. Hysiodd
ni'n ddiseremoni oddi ar y llain galed i'r gro a glaswellt tu hwnt.

"*Piano, piano!*" meddai – rhyw fformiwla ryngwladol at dawelu
ofnau estroniaid efallai?

"Chi yw *grúa*'r RAC?" holais.

"Nage," meddai, "Angel ydw i – Angel Gwarcheidiol yr *autopista*
… Fi yw patrôl AUMAR." Cwmni AUMAR biau'r *autopista*.

"Rydyn ni'n disgwyl *grúa*'r RAC yn fuan," meddwn.

"Mi wna i aros gyda chi nes iddo ddod," meddai, "oni bai imi
gael galwad i fynd i ddamwain rywle." Aeth yn ôl i eistedd yn y
tryc.

Am 4.10 ffoniodd fy ngwraig Lyon.

"Fedrwn ni ddim cysylltu â'n hasiant," meddai Amanda. "Dydyn
nhw ddim yn ateb y ffôn."

Am 4.30 gorffennodd ail awr yr RAC, a daeth yr Angel atom.

"RAC *basura!*" meddai – "*basura*" yw'r gair a welwch ar finiau
sbwriel yn Sbaen. Dywedodd mai hollol annerbyniol oedd ein
gadael am oriau fel hyn ar fin yr *autopista* yng ngwres yr haf.
Meimiodd rwygo ein contract a'i daflu. Awgrymodd hawlio
iawndal. Boi da oedd e!

Roedd yn rhaid i rywun – sef fi – aros gyda'r Volvo, ond pam
y lleill? Buon ni'n ystyried gofyn i Pete eu nôl, ond daethom i'r
casgliad y byddai hynny'n cymryd mantais … "Trueni," meddai
Pete wedyn. "Ddiwedd prynhawn Sadwrn ces i wrthdrawiad â
char heddlu yn Pinosol a sgwennu bant fy Espace … Nhw oedd
ar fai, fe wibion nhw allan o lôn ochr … Tasech chi wedi ffonio,
faswn i ddim wedi bod yn Pinosol …" Rhaid bod y jincs wedi
cyffwrdd ag ef hefyd.

Galwodd yr Angel am dacsi o Altea, a gyrhaeddodd ymhen
hanner awr a mynd â phawb i ffwrdd, gan fy ngadael ar fin yr
autopista gyda'r Volvo, yr Angel, a ffôn symudol y gallwn siarad

iddo ond nid ei glywed.

Dywedodd yr Angel y byddai'r Volvo yn berygl bywyd pan ddeuai'r nos, a bod rhad ei symud. Ffoniodd garej Grúas Vila yn Benissa, a threfnu *grúa*, ac wrth inni aros daeth trydedd awr yr RAC i ben. Bob hyr a hyn aeth car heddlu neu ambiwlans neu lori garej heibio, a't gyrwyr yn ffeirio chwifiadau â'r Angel: brawdoliaeth yr *autopista*.

Dywedodd yr Angel mai ei waith oedd cadw golwg ar yr *autopista*, cydweithio â'r gwasanaethau brys yn achos damwain, gofalu am drueiniaid fel ni, cael gwared o gyrff cŵn ac ati. Roedd yn patrolio rhwng Alicante ac Ondara, a cheid swyddogion tebyg iddo yr holl ffordd i ffin Ffrainc …

Roedd yn byw yn Villajoyosa. Roedd ganddo ferch briod dair ar hugain oed a mab deg oed. Roedden nhw'n medru Sbaeneg ond yn arfer siarad Valenciano …

Cyrhaeddodd *grúa* Grúas Vila tua 6.00 a llwytho'r Volvo ar y cefn, a ffarweliais â'r Angel; bu'n gyfaill da. Dringais i gab y *grúa* ac i ffwrdd â ni. Ffoniodd fy ngwraig, ond allwn i ddim clywed gair – a llai byth trwy sŵn y *grúa*.

Roedd dyn Grúas Vila eisiau gwybod beth i'w wneud â'r car. Byddai pob garej lleol ar gau tan fore Llun, meddai, ond efallai byddai Toni, perchennog Toniauto yn Denia, hanner awr o Jávea, yn fodlon edrych arno. Ffoniodd ef Toni gartref, ac addawodd Toni ddod allan am hanner wedi wyth. Am hanner wedi chwech dyma fi ar yr heol wrth ddrws Toniauto, gyda'r Volvo a rhif ffôn Toni.

Dwy awr i aros … Euthum i Roxis Bar Restaurant, rownd y gornel o Toniauto, a chael potelaid o ddŵr oer a thafell o omlet tatws … Cerddais y strydoedd ychydig a dod o hyd i barc o gwmpas hen blasty: lle hyfryd oedd e yn y diwetydd, gyda mamau a phlant, pobl a chŵn, blodau, palmwydd … Cefais botelaid arall o ddŵr yn Roxis … Ychydig ar ôl wyth o'r gloch, eisteddais ar wal gyferbyn â Toniauto i wylio am Toni.

Hanner awr wedi wyth, a dim Toni. Am ugain munud i naw,

fe'i ffoniais; dim ateb. Ffoniais fy ngwraig a gofyn iddi hi ei ffonio … Ond ar hynny dyma gar yn stopio o flaen Toniauto a chamodd Toni allan.

Fe'i hoffais ar unwaith. Gŵr lled ifanc, eithaf tal a solet oedd e, ac yn sobr a dibynadwy ei olwg. Gwell fyth, roedd ei blant gyda fe, crwt bach tua phump oed a geneth tua thair, a'r ddau â *chupa* – lolipop – yn eu cegau.

"Beth yw dy enw di?" holais y crwt.

"Toni, a hi yw Mwli."

Trwy ddirgel ffyrdd cychwynnodd Toni Mawr y Volvo a'i yrru i mewn i'w weithdy – ogof helaeth gysgodlyd lle diflannodd Toni Bach a Mwli ymysg rhesi twt o geir anafus. Clywem draed ysgafn anweledig yn pitran-patran ac ambell wich neu sgrech.

Daeth Toni Mawr â choflaid o ffanbelts newydd o'i stafell stoc, a'u trio fesul un, a thriodd rai hen hefyd. Ond doedd ganddo'r un a ffitiai Volvo Estate pedair ar ddeg o flynyddoedd oed. Bu wrthi am dri chwarter awr cyn rhoi'r ffidil yn y to.

"Mi ga i un fory a rhoi caniad ichi pan fydd y car yn barod," meddai.

Galwodd dacsi imi, a rhoddais ewro iddo i brynu *chupas.*

Cyrhaeddais adre tua deg o'r gloch a gofyn i'm gwraig pam ffoniodd fi yn y *grúa* bedair awr ynghynt.

"Roeddwn i newydd glywed gan RAC Lyon," meddai. "Roedden nhw'n dal heb fedru cysylltu â'u hasiant Sbaenaidd ac roedden nhw eisiau gwybod ein *exact kilometre position"* – mae'n berffaith wir!

Fel mae'n digwydd, roeddwn i'n gwybod ein *exact kilometre position*, achos roedd yr Angel wedi'i ysgrifennu ar ddarn o bapur imi: *AP7, 609 km, dirección Ondara.* Os oedd hynny o bwys bellach …

Ffoniodd Toni brynhawn trannoeth a chefais dacsi draw i Denia i nôl y Volvo, a dyna ddiwedd problem y ffanbelt. Ond roedd yr aer-dymheru'n dal heb weithio.

Ychydig ddyddiau'n ddiweddarach roeddwn i'n chwilio am fy nghymhorthion clyw. Y peth diwethaf, roeddwn i wedi'u dodi ym mhoced fy nghrys … Ond ble roedd y crys? … Roedd fy ngwraig wedi'i roi yn y peiriant golchi, a'r cymhorthion i'w ganlyn, ac wele nhw yn y trochion, a'r dŵr wedi gwlychu'r cylchedau, ac roedden nhw'n farw gorn. Dyna drychineb gwaetha'r gwyliau i gyd … nes inni ddod i Baris.

2 Moros

Y dydd Sadwrn canlynol cychwynnon ni ar ein cylchdaith trwy ddwyrain Sbaen, cyn gyrru ymlaen trwy Ffrainc i ddal y fferi adre. Erbyn croesi'r ffin bydden ni wedi bod i Albarracín, yna Almazán, Numantia, y Monasterio de Piedra, Loarre, a rhyw leoedd eraill efallai gan ddibynnu ar yr amser. Mi welwch fod hynny'n daith igam-ogam braidd, achos imi wneud cawl o fwcio'r gwestyau.

Dechreuson ni ar yr A7, cyfeiriad Valencia. Ac yn gyntaf aethom heibio i dref fach hynafol Denia, gyda'i chraig anferth ar lan y môr, lle mae pelydrau cynta'r wawr yn taro. Galwodd yr Hen Roegiaid hi'n Hemeroskopeion, sef "Gwylfa'r Dydd" – del, onid e?

Maes o law roedd gan y Rhufeiniaid deml i'r dduwies Diana yma, ac o honno y daw'r enw "Denia".

Ganrifoedd wedyn, bu Denia'n brifddinas ar un o deyrnasoedd y Moros (sef y Mwslimiaid a oresgynnodd Sbaen) – ond cawn sôn am hynny yn y man. Heddiw tref wyliau yw hi yn bennaf, a llawer o Almaenwyr wedi ymgartrefu yno – gormod, yn nhyb rhai …

Ymhen ychydig roedden ni'n pasio tref Gandía, lle saif palas hen deulu'r Borjas, Dugiaid Gandía.

Sefydlwyd mawredd y Borjas gan Alfonso de Borja, a aned ger Valencia yn 1378. Bu'n ddiplomat eithriadol o lwyddiannus yng ngwasanaeth Alfonso V, brenin Aragón, ac yn y man danfonwyd i

16

Rufain, lle cafodd enw Eidaleg – trodd "Borja" yn "Borgia". Daeth yn gardinal ac ac yn ei henaint etholwyd yn Bab, fel Callistus III (1455-58).

Doedd Callistus III ddim yn Bab da. Rhoddodd fendith yr Eglwys ar y fasnach gaethweision a gychwynnwyd gan y Portiwgeaid yng ngorllewin Affrica, ac a ledodd wedyn i America a pharhau am dri chan mlynedd o erchylltra. Roedd yn nodedig hefyd am nepotiaeth, a phenododd ddau o'i neiaint yn gardinaliaid. Un ohonynt oedd Rodrigo Borgia, a ddaeth yn Bab fel Alexander VI (1492-1503).

Os oedd Callistus III yn Bab gwael, Alexander VI oedd y Pab gwaethaf erioed ym marn llawer (a hyd yma bu 266 i ddewis ohonynt). Ef oedd (ac yw) teip y Pab bydol, anfoesol, gwleidyddol, rhyfelgar, diegwyddor, a anwybyddai anghenion ysbrydol yr Eglwys er mwyn hybu buddiannau ei deulu ei hun.

Adroddir llawer o straeon garw am Alexander VI a'i deulu, rhai ohonynt yn wir, eraill (sydd weithiau'n fwy gogleisiol na chredadwy) a ledwyd gan eu gelynion.

Mae'n ddigon sicr bod Alexander VI wedi lladd sawl cyfoethogyn blaenllaw (gan gynnwys cyfeillion iddo) er mwyn meddiannu eu heiddo. Dywedir iddo eu gwenwyno trwy roi gwin iddynt yn ei enwog "Gwpan Aur", oedd â thwll dirgel ar gyfer arsenig.

Dywedir hefyd iddo ddioddef o'r siffilis, ac, os felly, fe'i heintiwyd pan oedd eisoes yn Bab, oherwydd nid tan tua 1494 y daeth morwyr Columbus â'r clefyd o America.

Cafodd Alexander VI o leiaf saith plentyn anghyfreithlon, cyn ac efallai ar ôl iddo ddod yn Bab, ac mae dau ohonynt lawn mor adnabyddus ag ef ei hun.

Roedd Cesare Borgia (1475-1507) yn gadfridog mor ddisglair, cyfrwys, bradwrus, creulon a digydwybod nes derbyn yr anrhydedd amheus o gael ei enwi gan Niccolò Machiavelli fel delfryd o'r "tywysog call a galluog".

Erys Lucrezia Borgia (1480-1519) fel patrwm o'r *femme fatale* brydferth, ddidostur, dwyllodrus ac aml ei chariadon.

17

Cyhuddwyd hi o losgach gyda'i brawd Cesare a'i thad y Pab ac o wenwyno llaweroedd (gan guddio'r cyffur yn ei modrwy). Daw'r ddelwedd boblogaidd ohoni yn bennaf o'r opera *Lucrezia Borgia* gan Donizetti, lle mae hi'n llofruddio chwe thruan ar un cynnig, gan gynnwys (yn ddamweiniol) ei mab ei hun.

Ond Dugiaid Gandía sydd i fod dan sylw ... Crëwyd y teitl yn 1483 gan frenin Aragón ar gais Rodrigo Borgia, cyn iddo ddod yn Bab, ar gyfer ei fab Pier Luigi Borgia. Bu farw Pier Luigi'n ifanc, ac olynwyd gan fab arall i Rodrigo Borgia, sef Giovanni Borgia. Un bore ym mis Mehefin 1497, tynnwyd corff Giovanni o'r Tiber, wedi'i lofruddio (mae'n debyg) gan ei frawd Cesare, ac ar hynny daeth Giovanni Borgia yr ail yn drydydd dug.

Roedd Giovanni Borgia yr ail yn sicr yn blentyn i ryw Borgia, ond ni wyddys i ba un. Ai i'r Pab Alexander VI (fel yr honnodd hwnnw unwaith)? Neu i Cesare Borgia (fel yr honnodd y Pab dro arall)? Neu i Lucrezia Borgia? – hi efallai yw'r un fwyaf tebygol. Arglwyddiaethodd Giovanni Borgia yr ail yn Sbaen am hanner can mlynedd a throi'n Sbaenwr fel ei gyndadau – ac aeth "Giovanni Borgia" yn "Juan de Borja".

Ond y pedwerydd dug, Francisco de Borja, yw'r un diddorol ... Priododd, cenhedlodd wyth o blant, a bu'n weinidog effeithiol iawn i frenin Sbaen, yr Ymherodr Siarl V. Yna, ar ôl marw ei wraig, ymddeolodd o fod yn ddug a daeth yn offeiriad gydag Urdd y Jeswitiaid, a chododd i fod yn Dad Cyffredinol arni (1565-1572). Roedd yn weinyddwr tan gamp ac ystyrid yn ddyn mor neilltuol o wylaidd a duwiol nes iddo gael ei ganoneiddio yn 1670 gan y Pab Clement X fel Sant Francisco de Borja – hynod o dynged i un o'i deulu ef ...

Ac yn awr, rhyngom a'r môr, ymestynnai gwastadeddau gwyrdd yr Huerta Valenciana – "Gardd Valencia" – un o ardaloedd amaethyddol cyfoethocaf Ewrop. Meysydd reis oedd y gwyrdd golau a pherllannau orennau oedd y gwyrdd tywyll. Y Moros a ddaeth â reis a'r goeden orennau i Valencia, a hwy a ddyfeisiodd y drefn ddyfrio ryfeddol sy'n cynnal y ffrwythlonder ir.

Ar yr ochr arall inni codai mynyddoedd gerwin â chopaon creigiog, ac olewydd a choed almonau yn rhesi ar y llethrau, a gwinllannau'n carpedu'r dyffrynnoedd.

Mae enwau Arabaidd anghyfiaith – Guadalest, Alzira, Algemesí, Benidoleig, Benissa, Benidorm … – yn britho map yr ardal, prawf mai hon, ers talwm, oedd un o ganolfannau olaf y Moros yn Sbaen, lle cadwon nhw tan y diwedd eu harferion a'u crefydd a'u hiaith. "Al-Andalus" yw Sbaen, yng nghof Arabiaid, a gwlad Islamaidd a gollwyd yw hi. Dywedodd al-Zawahiri, llaw dde Osama bin Laden, yn un o'i fideos: "Bwriad al-Qaeda yw rhyddhau pob tiriogaeth a fu unwaith yn perthyn i Islam, o al-Andalus hyd at Irac."

Stori drist iawn, o'u safbwynt hwy, yw hanes y Moros yn Sbaen. Buont yn rheoli'r rhan fwyaf o'r wlad am dros dri chan mlynedd, ac yn rym sylweddol yno am bum can mlynedd eto, a daethant o fewn dim i'w throi'n genedl Arabeg, Fwslimaidd – gallasai fod yn gainc o Islam heddiw. Ac o Sbaen Islamaidd, pwy a ŵyr nad Mwslimiaid a fuasai wedi gwladychu America, fel gwnaeth Sbaen Gristnogol wedyn? Yn lle hynny, collasant y cyfan, yn fwy na dim trwy eu bai eu hunain.

Cyrhaeddodd y Mwslimiaid Sbaen yn 711 OC, sef blwyddyn 89 o'r epoc Islamaidd, sy'n dyddio o 622 OC pan aeth y Proffwyd Mohamet ar ei Hegira o Mecca i Medina. Llwythau o Arabia oedd y Mwslimiaid cyntaf, a phobl ryfelgar, genhadol oeddent. Yn ystod yr 89 mlynedd hynny roedd eu byddinoedd wedi gorlifo Syria, Persia, yr Aifft a gogledd Affrica, a'u meddiannu oll i Islam; a nawr dyma dro Sbaen.

Roedd holl ymerodraeth anferth Islam ar y pryd yn cydnabod un pen, sef y Califf al-Walid, o linach yr Umayyaid, a'i lys yn Damascus. Ystyr "Califf" yw "Olynydd" – sef Olynydd y Proffwyd – felly ni allai fod ond un Califf yn Islam. Yng nghwrs y canrifoedd pasiodd y Califad o linach i linach ac o wlad i wlad (ac weithiau, yn groes i natur, bu mwy nag un llinach yn ei hawlio) ond yn y pen draw daeth i feddiant Swltaniaid Twrci. Parhaodd y Califfad am bron 1,300 o flynyddoedd ac nis diddymwyd tan 1924, wedi i Dwrci ddileu'r Swltaniaeth. Mae undod yn ddelfryd gan Islam; symbol o undod oedd y Califfad; bellach mae wedi mynd ac ni ellir ei adfer. Ond yn 711 roedd undod Islam yn realiti.

Gwlad Gristnogol oedd Sbaen tan i'r Mwslimiaid gyrraedd. Roedd yn perthyn i'r Visigothiaid, y llwyth Germanaidd a'i cerfiodd o weddillion Ymerodraeth Rhufain bron dri chan mlynedd ynghynt. Ond doedd y Visigothiaid ddim yn niferus. Gellir meddwl amdanynt fel cenedl o ryfelwyr yn rheoli trwch o amaethwyr tawel, sef disgynyddion y Sbaenwyr Rhufeinig a fu.

Llu cymysg o Arabiaid a brodorion gogledd Affrica oedd y Mwslimiaid – y "Moros" – a ddaeth i Sbaen; a daethant, yn ôl y chwedl, yn sgîl cynnen ymysg y Visigothiaid eu hunain. Roedd Rodrigo, brenin y Visigothiaid, wedi cysgu gyda merch uchelwr o'r enw Cownt Julián, a gwahoddodd Julián y Moros draw i ddial arno. Glaniasant ym mis Ebrill 711 ger craig a alwyd "Bryn Tariq" ar ôl Tariq, eu cadfridog. "Bryn Tariq" yn Arabeg yw "Jebel Tariq" – bellach "Gibraltar".

Rhywle yn neheudir Sbaen dinistriodd Tariq fyddin y Visigothiaid, ac mae hen faled yn darlunio Rodrigo'n ffoi o'r maes:

Ayer era rey de España,
hoy no lo soy de una villa.

Ddoe'n frenin ar Sbaen gyfan;
heddiw, ddim ar un dreflan.

A dyna'i ddiwedd ef a'i deyrnas.

Cyn pen naw mlynedd roedd y Moros wedi darostwng darn olaf gwlad y Visigothiaid, sef ardal Narbonne, tu draw i'r Pyreneau. Dyna Sbaen i gyd yn eu dwylo, ac yn awr talp o Ffrainc hefyd.

Ond tua'r flwyddyn 720, ymladdwyd (neu efallai nid ymladdwyd) brwydr Covadonga, yn yr Asturias, yng ngogledd pellaf Sbaen, ardal a oedd bellach yn perthyn i'r Moros. Mae brwydr Covadonga

– dim gwahaniaeth a ddigwyddodd neu beidio – mor allweddol yn hanes Sbaen â brwydr Hastings yn hanes Lloegr; yn wir, yn fwy allweddol.

Fel yn stori Cownt Julián, *cherchez la femme* ...

Yn ôl un o groniclau cynnar y Sbaenwyr, roedd Visigoth blaenllaw yn yr Asturias o'r enw Pelayo; ac roedd ganddo chwaer. Anfonwyd Pelayo gan Munnuza, pennaeth lleol y Moros, ar neges ffug i Córdoba, a manteisiodd Munnuza ar ei absenoldeb i briodi'r chwaer. Bu Pelayo mor ddig nes codi gwrthryfel, a dewis ogof Covadonga, yn ucheldir yr Asturias, fel ei gadarnle.

Yn ôl y cronicl, daeth byddin o 187,000 o Moros i Covadonga i ddarostwng Pelayo, a bu brwydr hynod. Chwaraeodd Mair Forwyn ran ganolog, trwy wyro'r cerrig o ffyn tafl y Moros yn wyrthiol yn yr awyr a'u dychwelyd i daro'r rhai a'u saethodd. Lladdwyd 124,000 o'r Moros yn y frwydr a'r 63,000 oedd yn weddill pan gwympodd mynydd ar eu pennau ar y ffordd adref.

A fu'r fath frwydr? Credai'r Sbaenwyr ynddi'n frwd ar hyd y canrifoedd! Ond does dim gair amdani yng nghroniclau'r Arabiaid, ac mae'r holl fanylion yn amlwg yn wirion. Efallai bu sgarmes yn Covadonga, efallai mai myth yw'r cyfan. Ond y peth pwysig yw bod Pelayo, y naill ffordd neu'r llall, wedi sefydlu teyrnas fach Gristnogol annibynnol yn yr Asturias; ac ni lwyddodd – neu ni thrafferthodd – y Moros i'w diddymu.

Awn ymlaen felly ychydig flynyddoedd i ornest fwy tyngedfennol fyth, sef brwydr Poitiers, a ymladdwyd yn 732 rhwng Moros a Ffranciaid yng nghanolbarth Ffrainc: brwydr go iawn y tro hwn.

Un o bleserau'r Moros oedd mentro o'u caer yn Narbonne i ysbeilio gwlad y Ffranciaid i'r gogledd – gêm broffidiol ond peryglus, oherwydd y Ffranciaid (cyndeidiau'r Ffrancod) oedd cenedl Gristnogol gryfaf gorllewin Ewrop y pryd hynny, yn rheoli'r rhan fwyaf o'r Ffrainc bresennol a darnau helaeth o'r Almaen a'r Iseldiroedd. Gwnaeth y Moros sawl cyrch llwyddiannus; ond un diwrnod roedd y Ffranciaid yn aros amdanynt.

Sefyllfa ddramatig! Dyna ddwy fyddin fawr brofiadol wyneb yn

21

wyneb, dan ddau gadfridog a fu hyd yma yn anorchfygol: y Moros dan yr Emir Abd al-Rahman, a'r Ffranciaid dan eu harweinydd disglair Charles Martel ("Siarl y Morthwyl"). Marchogion, yn bennaf, oedd gan Abd al-Rahman, gwŷr traed gan Siarl.

Siarl a ddewisodd faes y gad; trefnodd ei filwyr ar safle manteisiol a gwrthododd symud ohono. Felly cadwodd Abd al-Rahman draw. Am chwe diwrnod bu'r ddau lu'n llygadu ei gilydd.

Yna collodd Abd al-Rahman amynedd ac ymosod. Brwydrodd ei farchogion yn ffyrnig, ond methu â bylchu rhengoedd y Cristnogion. Syrthiodd llawer, ar y ddwy ochr.

Lledodd si ymysg y Moros bod carfan o Ffranciaid yn nesu at eu gwersyll – storfa eu hysbail oludog – a brysiodd rhai i'w amddiffyn. Credai'r lleill eu bod ar ffo, a ffoesant hwythau, ac aeth y Ffranciaid ar eu hôl. Lladdwyd Abd al-Rahman yn yr ymladd gwyllt a ddilynodd; a gwahanwyd y byddinoedd gan nos.

Yn y bore paratôdd y Ffranciaid i ymladd eto – dacw bebyll y Moros lle buont ddoe. Ond roedd y pebyll yn wag; roedd y Moros wedi cilio yn y tywyllwch; a dyna ddiwedd eu cyrchoedd i wlad y Ffranciaid.

Mae rhai haneswyr heddiw yn dibrisio brwydr Poitiers, gan honni mai "dim ond" digwyddiad mewn rhyw ymgyrch ysbeilio oedd hi. Tybed? Petai'r Emir wedi trechu'r Morthwyl, roedd y ffordd ar agor iddo drin y Ffranciaid fel y triniwyd y Visigothiaid. Ac ar ôl hynny? … Ys awgrymodd Edward Gibbon:

A victorious line of march had been prolonged above a thousand miles from the rock of Gibraltar to the banks of the Loire; the repetition of an equal space would have carried the Saracens to the confines of Poland and the Highlands of Scotland … the Arabian fleet might have sailed without a naval combat into the mouth of the Thames. Perhaps the interpretation of the Koran would now be taught in the schools of Oxford, and her pulpits might demonstrate to a circumcised people the sanctity and truth of the revelation of Mahomet.

Jôc? Ddim mwyach! Gwn am naw mosg yng Nghaerdydd heddiw, sef tua'r un nifer ag sydd o eglwysi Cymraeg. A thipyn o ysgytwad yw pasio hen adeilad capel Presbyteraidd y Crwys a gweld, yn lle hysbysfwrdd "Trefn yr Oedfaon", arwydd y "Shah Jalal Mosque & Islamic Cultural Centre" …

Bu chwyldro yn Islam. Yn 750 disodlwyd llinach yr Umayyaid o'r Califfad gan linach yr Abasiaid, a'u canolfan yn Baghdad. Aeth yr Abasiaid ati'n gydwybodol i ddinistrio pob dyn olaf o'r Umayyaid, a bron iawn â llwyddo.

Ond dyma stori ramantus! Dihangodd un Umayyad ifanc – Abd al-Rahman arall – o'r lladdfa a gwneud ei ffordd, er llawer perygl, i al-Andalus, lle roedd cefnogaeth i'r Umayyaid yn gryf. Yn ystod Gweddïau Gwener 14 Mai 756, yn y mosg yn Córdoba, cyhoeddwyd Abd al-Rahman yn Emir al-Andalus. Ni alwodd ei hun yn Galiff, er iddo wadu awdurdod yr Abasiaid, gan nad oedd lle ond i un Califf yn Islam. Ond o'u prifddinas yn Córdoba teyrnasodd Abd al-Rahman I a'i ddisgynyddion ar al-Andalus am dros 250 o flynyddoedd.

Ni wladychodd y Moros trwy Sbaen gyfan. Plant yr haul a'r tywod oeddent; dewisent fyw yn nhiroedd poeth a sych y de a'r dwyrain, gan osgoi oerfel gwlyb y gogledd-orllewin. A rhoddodd hynny gyfle i deyrnas fach yr Asturias ehangu. Ehangodd i Galicia a gogledd Portiwgal a thros y *sierra* i wastadeddau León. Cipiodd hen ddinas Rufeinig León, a dod yn deyrnas León, a ymrannodd maes o law yn deyrnasoedd León a Castilla.

Ac roedd y Moros ar eu sodlau beth bynnag. Cymerodd y Ffranciaid Narbonne yn 759 a Barcelona yn 801, gan greu "Cownti" newydd Barcelona a gynhwysai Catalonia bron i gyd (ac a ymryddhaodd o'r Ffranciaid ymhen ychydig). Sefydlodd y Basgiaid deyrnas Pamplona (Navarra wedyn) yn y Pyreneau … Ac yn awr roedd holl ogledd Sbaen yn nwylo gwladwriaethau bach Cristnogol annibynnol – stribed gul yn y dwyrain, rhanbarth helaeth yn León a'r gorllewin.

Yna cafodd y Moros eu gwynt atynt, a sefyll eu tir, a thynnu ffin

– llinell oleddfog ar draws Sbaen o aber afon Ebro i arfordir canol Portiwgal. O flaen y ffin, hyd at derfynau'r Cristnogion, estynnai tir neb – y "Tiroedd Heb Bobl". Tu ôl i'r ffin roedd y Mers – goror milwrol y Moros – gyda lluoedd arfog, arglwyddi rhyfel, a chadwyn o ganolfannau strategol o Zaragoza hyd Badajoz. Safodd y ffin a'r Mers yn gadarn am bron tri chan mlynedd, gan gysgodi perfeddwlad wâr al-Andalus.

Ac roedd al-Andalus yn newid gwedd. Ar y dechrau bu'n wlad Gristnogol dan sawdl Mwslimiaid. Ond o flwyddyn i flwyddyn roedd y Groes yn gwywo a'r Cilgant yn cryfhau …

Crefyddau hynod debyg oedd Islam a Christnogaeth – tebyg eu gwreiddiau, eu chwedloniaeth a'u moesoldeb, lled debyg eu gwerthoedd a'u credoau, tebyg iawn eu sêl. Ond roedd gwahaniaeth go sylfaenol. Tueddai Cristnogion i erlid yr "anghredinwyr" yn eu plith, yn Fwslimiaid, Iddewon, paganiaid ac nid lleiaf eu hereticiaid eu hun. Ond gorchmynnai'r Coran i Fwslimiaid fod yn oddefgar tuag at "bobl y llyfr", sef yn bennaf Cristnogion ac Iddewon.

Cafodd Cristnogion al-Andalus oddefgarwch felly (fel rheol); ond serch hynny trodd y rhan fwyaf ohonynt ymhen amser at Islam. Daethant yn "Moros" eu hunain; dyna'r llwybr i gysur a braint. Gwlad y minarét a'r *muezzin*, y camel a'r *hijab*, oedd al-Andalus, ac Arabeg yn iaith llywodraeth a diwylliant, yn iaith crefydd y mwyafrif – yn iaith bob dydd i lawer. Roedd Sbaen ymhell ar y ffordd i ddod yn rhyw Diwnisia neu Foroco; anodd dychmygu hynny ar y Costas heddiw …

Roedd Islam, trwy ennill Syria a'r Aifft, wedi etifeddu peth o ddiwylliant aruchel yr Hen Roegiaid, a thalaith o Islam oedd al-Andalus. Yn nhywyllwch barbareiddiwch gorllewin Ewrop ar y pryd, daeth hi'n lamp o wareiddiad. Erbyn canol y ddegfed ganrif roedd Córdoba gyda dinasoedd mwyaf, cyfoethocaf, godidocaf a dysgedicaf y byd – i'w chymharu â Chaergystennin, ddim mor bell ar ôl Baghdad – ac roedd Abd al-Rahman III, yr Emir ers 912, yn un o dywysogion mwyaf ysblennydd yr oes.

Bu newidiadau yn y Califfad. Daeth llinach y Fatimiaid i fri yn yr Aifft, a'u galw eu hun yn Galiffiaid mewn cystadleuaeth â'r Abasiaid. Nid oedd lle ond i un Califf yn Islam, ond os dau, pam nad tri? – ac roedd gan Abd al-Rahman III, fel etifedd yr Umayyaid, gystal hawl ar y teitl â neb. Amser Gweddïau Gwener 16 Ionawr 929, cyhoeddwyd yn Galiff ym Mosg Mawr Córdoba, ac olynwyd gan ei fab al-Hakam II, a chan fab hwnnw Hisham II.

Ond plentyn oedd Hisham II, a chipiwyd grym gan ei gynghorwr Muhammad ibn Abi Amir, a gymerodd wedyn yr enw al-Mansur – "Y Buddugol". Hisham II oedd y Califf cyfreithiol, ond al-Mansur oedd y teyrn hollalluog – y dyn a gododd al-Andalus i uchafbwynt newydd o nerth a gogoniant.

Cadfridog di-feth oedd al-Mansur. Rhwng 976 a 1002 gwnaeth 57 o gyrchoedd i wlad y Cristion, gan ysbeilio'i diroedd, ei drefi a'i fynachlogydd. Anrheithiodd ddinasoedd a fu'n ddiogel ers cyn cof – Astorga, Barcelona, León … Dygodd glychau eglwys Santiago de Compostela, prif gysegrfan Cristnogion Sbaen; a charcharorion Cristnogol a'u cludodd adref i Córdoba.

Roedd al-Mansur, fel arglwydd al-Andalus, eisoes yn feistr ar dri chwarter Sbaen – ar fwy na hynny o'i phobl a'i chyfoeth – ac roedd y gwledydd bach Cristnogol ar ei drugaredd. Gallai fod wedi'u diffodd fel canhwyllau, eu darostwng unwaith ac am byth. Y cwestiwn yw: Pam na wnaeth e hynny? Pam dim ond eu hysbeilio?

Am un peth, mae'n siŵr, achos nad oedd nac ef na'i ddilynwyr yn chwennych eu tiroedd digroeso.

Ond roedd rheswm Islamaidd hefyd. Un o ddyletswyddau'r Mwslim oedd *jihad* – y rhyfel sanctaidd yn erbyn anffyddwyr – a *punch-bag* cyfleus iawn i al-Mansur oedd gwledydd bach Cristnogol Sbaen: haws, yn ddi-os, nag ymosod dros y Pyreneau ar y Ffrancod …

Ac roedd rheswm Islamaidd arall. Cyfyngai dysgeidiaeth Islam ar drethiant, ac am fod llywodraethu al-Andalus yn ddrud roedd angen ysbail i lenwi'r bwlch. A dychwelai al-Mansur o'i ymgyrchoedd gydag ysbail ddi-ben-draw: aur ac arian, gwartheg

25

a defaid (nid moch), a charcharorion. Gallai ryddhau carcharorion cefnog am bridwerth a gwerthu'r rhai tlawd fel caethweision …

Jihad er mwyn ennill ysbail a gostwng trethi: cyfuniad deniadol i bobl a byddin al-Mansur. Gwell godro'r Cristion na'i orchfygu.

Wele Fwslimiaid a Christnogion yn ben-ben, felly … Nage, yn gefn-gefn. Oherwydd, ar wahân i ysbail, doedd gan al-Andalus ddim diddordeb o gwbl yn y byd Cristnogol. O wledydd Islam y deuai ei chyfraith, ei chrefftwyr, ei hysgolheigion, ei dynion sanctaidd – ei diwylliant oll.

O'r rheiny hefyd – neu yn amlach trwyddynt, o'r Dwyrain Pell – daeth llu o blanhigion a thechnegau a gyfoethogodd amaethyddiaeth a diwydiant al-Andalus: siwgr, reis, cotwm, dulliau dyfrhau, sidan, papur … (A dacw fynegbost o'r A7 i dref Játiva gerllaw yn y mynyddoedd, lle cynhyrchwyd papur – a ddyfeisiwyd yn Tsieina – am y tro cyntaf yn Ewrop, gan Foros.)

Sylfaen grym al-Mansur oedd ei fyddin, a gasglai o amryw ffynonellau: brodorion al-Andalus, dan eu harglwyddi o dras Arabaidd; Cristnogion o ogledd Sbaen (milwyr hur, yn hapus i ysbeilio'u cydwladwyr); llwythau gwyllt o Ferberiaid gogledd Affrica, gyda'u penaethiaid; a *saqaliba* …

Gair Arabeg yw *saqaliba*, ond nid yw mor ddieithr ag y gellid meddwl. Tarddodd o'r gair Groeg *"sklavenos"*, a ddynodai rai o bobloedd dwyrain Ewrop. O *sklavenos* y daw hefyd ein gair ni "Slaf"; a Slafiaid oedd y *saqaliba*.

Ond nid dyna unig ystyr *saqaliba* … Yn anffodus i Slafiaid y cyfnod, roedden nhw'n brae diymgeledd i gymdogion cryfach (Almaenwyr a Llychlynwyr) oedd yn eu herwgipio yn eu miloedd i'w gwerthu fel caethweision. Gwerthwyd cymaint o *saqaliba* i al-Andalus nes i'r gair fagu'r ystyr "caethweision" – fel yr aeth "Slav" yn "slave" yn Saesneg.

Trodd *saqaliba* al-Andalus yn Fwslimiaid, a listiwyd llawer yn lluoedd al-Mansur, lle daeth rhai'n gadfridogion.

Felly dyna fyddin o elfennau anghymharus – onid gelyniaethus – a dim ond dwrn haearn al-Mansur yn eu dal ynghyd.

A phan fu farw al-Mansur yn 1002, cwympodd al-Andalus yn dipiau mân. Hawliwyd ei etifeddiaeth gan ei feibion, gan y Califf-mewn-enw Hisham II, gan eraill o deulu'r Umayyaid ... Ac wrth i'r awdurdod canolog ymddatod, rhuthrodd pob rhyw gadfridog lleol – Moros brodorol, Berberiaid, *saqaliba* – i naddu ei deyrnas fach ei hun o'r adfeilion.

Roedd rhyw ddeg ar hugain o'r teyrnasau hyn ar y dechrau – i gyd yn annibynnol ar ei gilydd – cyn i'r rhai mawr ddechrau llyncu'r rhai bach. Cawsant yr enw *taifas* – "y rhanedigion". Sevilla oedd y gryfaf, wedyn Toledo, Badajoz, Zaragoza, Granada, Valencia ... Ond roedd pob un yn wan.

Roedd y rhan fwyaf o *taifas* y *saqaliba* yn nwyrain al-Andalus, yn rhes ddi-dor ar hyd glannau Môr y Canoldir: Almería yn y de, Denia, Valencia, ac yn olaf Tortosa ar lan afon Ebro.

Denia, tref fach y traethau a'r bars a'r *fiestas* – mae'n anhygoel meddwl iddi fod unwaith yn wladwriaeth annibynnol; un nerthol hefyd, ac yn gadarnle diwylliant.

Sefydlwyd *taifa* Denia yn 1012-13 gan y cadfridog *saqaliba* Mujahid al-Amiri; a rhaid mai ei uchelgais oedd rheoli al-Andalus gyfan, oherwydd penododd un o'r Umayyaid fel pyped-Galiff iddo. Methodd yr ymgais, a diflannodd y Califf.

Ceisiodd Mujahid hefyd ennill ymerodraeth dros y môr, a'r tro hwn bu'n fwy llwyddiannus. Cipiodd yr Ynysoedd Balearaidd (doedden nhw ddim yn bell: heddiw mae fferis yn tramwyo rhwng Denia ac Ibiza), ac yn 1015 danfonodd lynges o 125 o longau gyda milwyr a mil o gefylau i oresgyn Sardinia. Gyrrwyd allan o Sardinia gan Eidalwyr, ond cadwodd y Baleares.

Blodeuodd diwylliant Arabeg dan Mujahid. Casglodd feirdd a llenorion ato, a sefydlodd athrofa nodedig ar gyfer astudiaethau crefyddol, un o'r rhai pwysicaf yn al-Andalus. Daeth ysgolheigion Denia yn enwog am eu hesboniadau o'r *qira'at*, sef yr amrywiadau testunol o'r Coran – faint o'r torheulwyr haf sy'n meddwl am hynny, tybed?

Olynwyd Mujahid yn 1044/5 gan ei fab Ali ibn Mujahid, a deyrnasodd tan 1075/6, pryd y meddiannwyd Denia gan *taifa* Zaragoza, trwy frad. Ond cadwodd y Baleares eu hannibyniaeth tan 1115 – honno oedd y *taifa* olaf un.

Am saith deg mlynedd bu'r *taifas* yn cystadlu â'i gilydd, pob un â'i chyllell yng nghefn ei chymdogion. Ni allent gyfuno hyd yn oed yn erbyn Cristnogion y gogledd – i'r gwrthwyneb, at y rhain yr apelient am gymorth yn erbyn eu cyd-Fwslimiaid.

Erbyn diwedd y 1030au roedd Cristnogion Sbaen yn ffurfio pedair gwladwriaeth gadarn, sef cownti Barcelona, teyrnasoedd Aragón a Navarra (a fu gynt yn un ond oedd newydd ymrannu), a theyrnas Castilla-a-León (a fu gynt yn ddwy ond oedd newydd ailgyfannu). Bu'r gwledydd Cristnogol yn wannach nag al-Mansur ond roedden nhw'n gryfach na'r *taifas* unigol, a'r gryfaf o ddigon oedd Castilla-a-León, dan ddau frenin galluog, Fernando I (1037-65) ac Alfonso VI (1072-1109). Roedd Castilla-a-León yn gryfach nag unrhyw *taifa* – nag unrhyw gyfuniad rhagweladwy o *taifas*.

Ar y dechrau, pan ddeuai apêl o ryw *taifa*, danfonai'r Cristnogion fyddin i'w helpu – am dâl. Ond pam danfon byddin? Pam nad dychryn y gelyn ymaith trwy *fygwth* danfon byddin, a chymryd tâl yr un modd? A pham bodloni ar hynny? Pam nad bygwth danfon byddin yn erbyn unrhyw *taifa* ddiniwed, a chymryd tâl am adael iddi fod ? ... Tyfodd un o'r *protection rackets* mwyaf proffidiol erioed. Mynnai Castilla-a-León daliadau (*parias* oedd y gair) gan Toledo, Zaragoza, Badajoz, Valencia, Granada, Sevilla ... Mynnai *parias* aruthrol, ffantasïol, a'u mynnu flwyddyn ar ôl blwyddyn; ac ni feiddiai'r *taifas* eu gwrthod.

Aeth Castilla-a-León yn fôr o aur Islamaidd. Diferai aur o'r *taifas* i lawr o'r brenhinoedd i'r arglwyddi a'r marsiandïwyr, efallai i'r werin. Talodd am eglwysi a mynachlogydd, ac am y cyfraniadau enfawr a ddanfonai Fernando I i fynachlog enwog Cluny yn Ffrainc. Roedd cyfraniadau Fernando I yn fwy na holl incwm arall y sefydliad diarhebol o gyfoethog hwnnw gyda'i gilydd. Ac ar ôl i

Fernando I farw, dyblwyd y cyfraniadau gan Alfonso VI.

Dechreuodd Castilla-a-León ymyrryd ym materion mewnol y *taifas*, yn enwedig y rhai agosaf. Gallasai'n hawdd fod wedi eu meddiannu – pam na wnaeth? Oherwydd wedyn buasai'n rhaid eu hamddiffyn, rhag gelynion tu allan, rhag gwrthryfel tu mewn ... Haws godro'r Mwslim na'i orchfygu!

Aeth sefyllfa brenhinoedd y *taifas* o ddrwg i waeth. I dalu'r *parias* bu'n rhaid iddynt godi trethi annioddefol o uchel, gan gynddeiriogi'r bobl. Roedd y trethi'n *an-Islamaidd* o uchel, felly ymosododd y dynion sanctaidd ar y brenhinoedd a'u tanseilio ymhellach.

Disgynnodd *taifa* fawr Toledo, dan ei brenin di-glem al-Qadir, i anhrefn mor llwyr nes bu'n rhaid i Alfonso VI ei chymryd i'w feddiant ei hun. Rhoddodd *taifa* Valencia i al-Qadir fel cysur – i al-Qadir os nad i Valencia.

Roedd cwymp Toledo yn 1085 yn garreg filltir yn hanes Sbaen. Am y tro cyntaf ers tua 711 roedd hanner tiriogaeth y wlad yn ôl yn nwylo Cristnogion.

Pan gwympodd Toledo, gwelai brenhinoedd y *taifas* yr ysgrifen ar y mur: yn hwyr neu'n hwyrach roedd Alfonso VI yn mynd i'w darostwng. Cymaint oedd eu braw nes iddynt o'r diwedd weithredu'n gytûn. Troesant am gefnogaeth at Yusuf ibn Tashfin, pennaeth yr Almorávides, y genedl oedd newydd orchfygu Moroco.

Pobl gyntefig o'r deheudir pell – o gyffiniau Senegal, yn wir – oedd yr Almorávides. Troedigion diweddar at Islam oedden nhw, yn llawn sêl, ac yn eiddgar am *jihad*. Sylweddolai'r brenhinoedd y perygl – petai Yusuf ibn Tashfin yn dod i Sbaen, byddai'n llawn mor debyg ag Alfonso VI o fynnu darostwng y *taifas*. Dewis rhwng dau ddrwg oedd hi – ond dewis hawdd! Ys dywedodd al-Mu'tamid, brenin *taifa* Sevilla: "Gwell bugeilio camelod ym Moroco na moch yn Castilla."

Felly cyrhaeddodd Yusuf ibn Tashfin gyda'i fyddin arw o

Almorávides. Er methu ag adennill Toledo, rhoddodd gweir ddychrynllyd i Alfonso VI ym mrwydr Sagrajas (1086). Dechreuodd ddileu'r *parias* (siom fawr i fynachod Cluny), a chyn hir roedd wrthi'n goresgyn y *taifas*, rhai deheudir Sbaen i gychwyn …

Ond dyma'r lle i gyflwyno un o arwyr enwocaf Sbaen – er mai straeon rhamantus (a ffilm fwy rhamantus fyth) a'i gwnaeth yn enwog, yn hytrach na'i yrfa go iawn.

(Ac wrth i'r A7 ein hysgubo heibio dinas Valencia, gellir nodi mai dyn lleol oedd e hefyd, mewn ffordd.)

Ganed yr arwr ger Burgos yn Castilla tua 1043, gyda'r enw Rodrigo Díaz de Vivar. Ond mae'n fwy adnabyddus dan y llysenw Arabeg a enillodd: "El Cid" (sy'n golygu "pennaeth" neu "arweinydd"). Dyna air na all yr orgraff Saesneg gyfleu ei ynganiad ond y gall y Gymraeg: "El Thidd".

Yn ôl y rhamant, arwr Cristnogol a gwas ffyddlon i'w frenin, Alfonso VI o Castilla-a-León, oedd El Cid. Mewn gwirionedd bu'n was mor afreolus ac anffyddlon nes i Alfonso VI ei alltudio (tua 1081); ac, fel alltud, Mwslimiaid nid Cristnogion a wasanaethai.

Mi gofiwch yr olygfa odidog yn y ffilm pryd mae Charlton Heston, yn gelain gorff ar gefn ei farch, yn gyrru'r Moros ar ffo. Ffuglen eto, rwy'n ofni …

Rhyw ganrif ar ôl marw El Cid, ysgrifennwyd arwrgerdd amdano, y *Poema de Mio Cid*. Mae'n gerdd wych iawn – ac yn llawn mor ffuglennol â'r ffilm.

Ond mae hanes gwir El Cid yn llawer mwy diddorol na'r rhamant, dwedwn i.

Doedd dim byd anghyffredin yn anffyddlondeb ac alltudiaeth Rodrigo Díaz. Byddai uchelwyr gwyllt y cyfnod byth a hefyd yn cael eu halltudio ac yn chwilio wedyn am gyflogaeth gan arglwydd arall; a dim gwahaniaeth a oedd yr arglwydd yn Gristion neu'n Fwslim.

Byddai alltud o'r fath yn gwasanaethu gan amlaf fel milwr hur, oherwydd câi pob uchelwr ei hyfforddi o'i blentyndod i fod yn filwr. Dysgai drafod cledd, gwaywffon a cheffyl nwyfus megis estyniadau o'i gorff ei hun. Pais mael oedd ei ddillad gwaith. Rhyfel oedd ei alwedigaeth.

Roedd galw bob amser am filwyr hur yn Sbaen gythryblus oes y *taifas*, a listiodd Rodrigo Díaz a'i osgordd gydag arglwydd *taifa* Zaragoza. Ymladdodd drosto yn erbyn brenin Cristnogol Navarra a chownt Cristnogol Barcelona, a hefyd, mae'n ymddangos, yn erbyn Alfonso VI o Castilla-a-León.

Fel cadfridog i arglwydd Zaragoza enillodd El Cid gyfoeth mawr, yn enwedig trwy bridwerthu carcharorion – Cristnogion yn aml – a gymerai ar faes y gad. Capten eithriadol o lwcus a llwyddiannus oedd e, a heidiodd dynion i'w ddilyn.

Ar ôl i Alfonso VI golli brwydr Sagrajas yn 1086, roedd arno daer angen cyfeillion – rhyfelwyr yn anad neb. Felly cymododd ag El Cid a'i wahodd yn ôl i Castilla, gyda'i fyddin, ar delerau neilltuol o ffafriol. Rhoddodd ardaloedd eang dan ei ofal ac addawodd y câi gadw fel ei eiddo ei hun, am byth, unrhyw dir a chestyll a gymerai oddi ar y Mwslimiaid.

Roedd al-Qadir, cyn-frenin di-glem Toledo, bellach yn frenin di-glem Valencia. Yn gynnar yn 1089 cododd gwrthryfel yn ei erbyn, a danfonwyd El Cid a'i fyddin gan Alfonso VI i'w amddiffyn.

Ond yn union wedyn derbyniodd Alfonso VI y newydd brawychus bod yr Almorávides yn ymosod ar Aledo, ei gadarnle unig yn ne-ddwyrain Sbaen. Prysurodd gyda byddin i'w achub, ac ar yr un pryd gorchmynnodd i El Cid ddod â'i filwyr o Valencia. Roedd y ddau lu i ymuno yn Villena ger Alicante, ynghanol tir y Moros.

Am ryw reswm methodd El Cid y *rendez-vous* ... Dim ots, o un safbwynt, achos ciliodd yr Almorávides beth bynnag. Ond cyhuddwyd ef gan Alfonso VI o fradwriaeth fwriadol, ac o ganlyniad ni allai ddychwelyd i Castilla. Roedd mewn gwlad elyniaethus heb unlle i ddianc. Sefyllfa ddiddorol i El Cid ...

Ffordd dda o edrych ar El Cid a'i fyddin, a rhai tebyg iddynt (a cheid eu tebyg ymysg dynion y Groesgad Gyntaf a ymadawodd am Balesteina yn 1096), yw fel *joint stock company*. El Cid oedd y cyfarwyddwr, ei filwyr oedd y cyfranddalwyr, a'u busnes oedd ysbail.

Câi ysbail El Cid a'i Gwmni ei rhannu yn unol ag egwyddorion clir. El Cid a dderbyniai'r difidend mwyaf (pumed ran o'r cyfan, fe ymddengys), yna'r swyddogion, wedyn y marchogion ac yn olaf y milwyr traed. Po fwya'r ysbail, mwya'r difidend – i bawb. Dyna pam roedd dynion mor awyddus i ddilyn cadfridog disglair fel El Cid …

Felly cyfle nid perygl a welai El Cid wrth gael ei ynysu ger Alicante. Mae'n wir na allai symud tua Murcia a'r de rhag ofn cwrdd â'r Almorávides. Ond erbyn 1090 roedd holl weddill dwyrain al-Andalus, o gyffiniau Alicante hyd at afon Ebro, ar agor iddo ei ysbeilio.

Roedd trefn y *parias* yn dal ar waith yn yr ardal honno. Roedd al-Hayib, arglwydd Denia, yn talu *paria* i Berenguer Ramón II, Cownt Barcelona, ac roedd al-Qadir o Valencia yn talu *paria* i Alfonso VI, brenin Castilla-a-León. Ond roedd y sefyllfa'n fwy cymhleth na hynny. Roedd Cownt Barcelona yn cefnogi'r rebeliaid yn erbyn al-Qadir, ac yn amlwg am droi *paria* Valencia i'w felin ei hun.

Mi gofiwn i hen *taifa* Denia gael ei llyncu ychydig ynghynt gan *taifa* Zaragoza. Ond bu newidiadau ers hynny. Roedd brenin Zaragoza wedi marw gan rannu ei *taifa* rhwng ei etifeddion al-Musta'in ac al-Hayib, ac roedd y ddau'n casáu ei gilydd. Al-Musta'in gafodd orllewin y *taifa* (gan gynnwys dinas Zaragoza), ac al-Hayib y dwyrain (gyda Denia a'i thiroedd), ac am fod El Cid yn ffrindiau â'r cyntaf ac yn elyn i'r ail roedd ganddo hawl i ymosod ar eiddo al-Hayib; a gwnaeth hynny.

Symudodd gyntaf yn erbyn Polop, lle roedd al-Hayib yn gwarchod rhan helaeth o'i drysor mewn ogof. (Bydd y sawl sy'n gyfarwydd â'r Costa Blanca yn adnabod pentref Polop, ger Benidorm, fel man enwog am ei ddyfroedd, sydd heddiw'n tasgu i'r *plaza* trwy ddwsinau o dapiau addurnol.) Gwarchaeodd El Cid yr ogof a dwyn y trysor – aur, arian, sidan a chrugyn o frethyn gwerthfawr.

Ymlaen wedyn i Ondara ar bwys tref Denia. (Bellach mae *plaza de toros* ddel yn Ondara a thwristiaid yn tyrru i'r ymladdfeydd teirw yno). Cipiodd El Cid gastell Ondara a "gwneud heddwch" ag al-Hayib. Byddai "gwneud heddwch" yn golygu cymryd *paria* a fwriedid i Gownt Barcelona – y pechod marwol ym myd *protection rackets*.

Ymlaen nesaf i *taifa* Valencia, lle cymerodd "roddion" aruthrol oddi ar al-Qadir a'r rebeliaid fel ei gilydd. Byddai rhodd al-Qadir yn cynnwys y *paria* a ddisgwyliai Alfonso VI o Castilla-a-León.

Ymlaen eto tua'r gogledd – a chwrdd â Chownt Berenguer Ramón II o Barcelona ar ei ffordd i'w gosbi. Mewn brwydr ger Morella yn y mynyddoedd cipiodd El Cid y Cownt a'i holl swyddogion yn garcharorion, a derbyn pridwerthoedd enfawr am eu rhyddhau. Ac ildiodd y Cownt ei holl hawliau yn Sbaen Fwslimaidd i El Cid.

El Cid bellach oedd meistr dwyrain Sbaen o Denia i afon Ebro. Ni feddai ar dir, ond rheolai frenhinoedd y *taifas* a'u cyfoeth. A thalodd ddifidends gogoneddus i'w ddilynwyr.

Bu 1091 yn flwyddyn dawel yn y dwyrain. Roedd Yusuf ibn Tashfin a'i Almorávides wrthi'n darostwng *taifas* deheudir Sbaen, ac Alfonso VI yn ymdrechu'n ofer i'w gwrthsefyll.

Yn 1092 aeth Alfonso VI â byddin i warchae Valencia a cheisio adennill ufudd-dod al-Qadir. Ateb El Cid oedd anrheithio ardal Rioja, rhan o deyrnas Castilla, a bu'n rhaid i Alfonso VI fynd adref i'w hamddiffyn.

Yn ddiweddarach yn yr haf bu gwrthryfel newydd yn Valencia, dan arweiniad Ibn Jahhaf, prif farnwr y ddinas. Dienyddiodd Ibn Jahhaf al-Qadir, a chymryd grym ei hunan.

Yn y cyfamser roedd byddin o Almorávides yn symud i lawr dwyrain Sbaen. Goresgynnodd ardal Murcia a chastell Aledo, yna trefi Denia a Játiva, ac yn yr hydref cyrhaeddodd Alzira, lai nag ugain milltir o Valencia ... Ond yna aeth ymaith.

Roedd yn bryd i El Cid weithredu. Os na chymerai ef Valencia, byddai Alfonso VI neu Yusuf ibn Tashfin yn ei chipio o dan ei drwyn. Ym mis Gorffennaf 1093 dechreuodd ei gwarchae. Methodd Yusuf ibn Tashfin â'i swcro; daeth newyn; doedd dim dewis gan Ibn Jahhaf ond ildio; ac ar 15 Mehefin 1094 marchogodd El Cid i mewn i Valencia. Roedd wedi cyflawni breuddwyd eithaf y milwr siawns: roedd yn deyrn ar ei deyrnas ei hun.

Mae'r *Poema de Mio Cid* yn darlunio El Cid, yn syth ar ôl cipio Valencia, yn mynd â'i deulu – ei wraig a'i ddwy ferch ifanc – i ben twr y castell:

> *Miran Valençia commo yaze la çibdad*
> *e del otra parte a ojo han el mar;*
> *miran la huerta, espessa es e grand;*
> *alçan las manos por a Dios rogar*
> *desta ganancia ...*

> Gwelant Valencia, sut y gorwedd y ddinas,
> a'r ochr arall gwelant y môr;
> gwelant yr Huerta mor ffrwythlon ac eang;
> codant ddwylo i Dduw
> i ddiolch am yr elw hwn ...

Dinas sylweddol, gref, Fwslimaidd oedd Valencia, gyda mosg mawr, dryswch o strydoedd cul, a rhagfur cadarn o'i hamgylch efo saith porth; ac roedd yr Huerta tu hwnt – yr amaethdir – yn rhyfeddod o harddwch toreithiog. Ond roedd y Moros yn agos: nhw oedd piau tref Játiva, 35 milltir i'r de, tref Murviedro, 15 milltir i'r gogledd, a *taifa* Alpuente gerllaw tua'r gorllewin (a *taifa* Albarracín tu hwnt). Teyrnas reit gyfyng oedd gan El Cid.

Gwobrwyodd El Cid ei filwyr (difidend arall), a threthodd Fwslimiaid y dref yn greulon. Trodd y mosg yn eglwys gadeiriol a phenodi mynach o Cluny, o'r enw Jerónimo, fel esgob. Ac am iddo ddrwgdybio Ibn Jahhaf o gelu peth o drysor al-Qadir, fe'i claddodd at ei wasg mewn pwll yn y ddaear, pentyrru coelcerth am ei ben, a'i losgi'n fyw.

Gallasai unrhyw goncwerwr fod wedi gwneud yr un fath. Camp arbennig El Cid oedd llwyddo i gadw ei goncwest, trwy chwalu dwy fyddin o'r bron a ddanfonodd yr Almorávides i adennill Valencia – dyna'r brwydrau agored cyntaf erioed i'r Almorávides eu colli yn Sbaen.

Bu farw El Cid yn 1099, pan oedd tua 56 oed ac ar anterth ei fri a'i ogoniant. A gadawodd gwestiwn: pa un o dri oedd i'w olynu? Ai Ramiro o Navarra, gŵr ei ferch Cristina? Neu Gownt Ramón Berenguer III o Barcelona, gŵr ei ferch María? (Ramón Berenguer III oedd etifedd gelyn mawr El Cid, Berenguer Ramón II – nid ar chwarae bach mae dilyn llinach cowntiaid Barcelona.) Neu ynteu arglwydd cyfreithiol El Cid, Alfonso VI o Castilla-a-León? … Ni feiddiai'r un ohonynt herio Yusuf ibn Tashfin ynghanol ei gadarnleoedd, ac ef a gipiodd Valencia, ym mis Ebrill 1102. Aeth dros gan mlynedd heibio cyn i Gristnogion ei hennill yn ôl.

Felly achubwyd al-Andalus gan yr Almorávides; ond roedd pris i'w dalu. Ym Moroco, nid Sbaen, roedd calon yr Almorávides. Estroniaid, o hyn allan, fyddai'n penderfynu ffawd al-Andalus.

A dechreuodd sêl grefyddol yr Almorávides oeri, a'u nerth milwrol ballu. Collasant Zaragoza yn 1118 i deyrnas Aragón, a dinasoedd cyfagos yn fuan wedyn. Ac ar ôl 1130 bu'n rhaid iddynt dynnu milwyr adref o al-Andalus i Foroco, i'w hamddiffyn rhag grym newydd eu cymdogion yr Almohades.

Ac roedd y Cristnogion yn cryfhau. Yn 1137 ymunodd teyrnas Aragón â chownti Barcelona, a goresgyn Tortosa yn 1148, Lleida yn 1149. Yn 1139-40 ymwahanodd Portiwgal oddi wrth Castilla-a-León, a chipio Lisbon yn 1147. Ymosodai'r Cristnogion yn ddyfnach ddyfnach i al-Andalus. Roedd ysbryd y Croesgadau wedi cyrraedd Sbaen: nid ysbeilio'r Moros oedd y pwrpas mwyach ond ehangu ffiniau Cred trwy gymryd eu tir.

Llwyddodd yr Almohades i ddinistrio teyrnas yr Almorávides ym Moroco yn 1147 a symudon nhw ymlaen i Sbaen – ac ailchwarae drama'r Almorávides yno. Yn Fwslimiaid pybyr a selogion *jihad*, amddiffynnon nhw al-Andalus yn burion ar y dechrau a rhoi curfa ddifrifol i Alfonso VII o Castilla ym mrwydr Alarcos yn 1195. Ond oerodd eu sêl grefyddol a phallodd eu nerth milwrol a chollasant frwydr fawr Las Navas de Tolosa yn 1212. Yn 1228 tynasant eu milwyr o Sbaen ar gyfer rhyfeloedd ym Moroco … Ond y tro hwn ni ddaeth neb i amddiffyn al-Andalus; ac ni allai ei hamddiffyn ei hun.

Cystadlodd tair gwlad Gristnogol gref i larpio corff al-Andalus, ac erbyn iddynt orffen, dim ond tywysogaeth fach newydd Granada, yn y de eithaf, oedd ar ôl. Cipiwyd Valencia gan Aragón yn 1238, a'r Algarve gan Bortiwgal, a chyfres o daleithiau a dinasoedd gan Castilla: Córdoba yn 1236, Murcia yn 1243, Jaén yn 1246, a Sevilla – y wobr fwyaf – yn 1248. (Yn Córdoba darganfuwyd y clychau a ddygwyd gan al-Mansur ddwy ganrif a hanner ynghynt, a'u dychwelyd i Santiago de Compostela.) Castilla a roes ddiwedd ar y cystadlu trwy amgylchu Granada ar dair ochr (y bedwaredd oedd y môr). Doedd dim angen iddi ei gorchfygu, achos ni allai neb arall wneud hynny. Ond medrai ei godro am *parias* fel yn y dyddiau gynt.

A dyna'r rhod wedi troi. Ar ôl pum canrif roedd Mwslimiaid a Christnogion Sbaen wedi cyfnewid safle. Gwlad fach â phoblogaeth o ryw hanner miliwn oedd Granada, o'i chymharu â chwe miliwn Sbaen Gristnogol. Fel yr Asturias gynt wrth ymyl al-Andalus yn ei hanterth – fel Cymru wrth ochr Lloegr – ploryn dinod oedd Granada ar ystlys cymydog mwy.

Ond goroesodd Granada am chwarter mileniwm. Gwlad gryno, unffurf, Fwslimaidd, Arabeg oedd hi, a diwylliant Islam yn ffynnu ynddi, a theulu brodorol o al-Andalus – y Nasrides – yn ei llywodraethu. Tyfodd dinas Granada yn un o drefi mwyaf Ewrop, a'i chaer yr Alhambra, gyda'i phalasau lledrithiol, yn un o

MOROS

ryfeddodau pensaernïol y byd – fel y mae hyd heddiw.

Ond roedd Granada'n bodoli, yn y pen draw, am fod y Sbaenwyr yn caniatáu iddi fodoli. A newidiodd hynny yn 1479 wrth i'r pâr priod Fernando brenin Aragón ac Isabel brenhines Castilla gyfuno nerth eu dwy deyrnas a phenderfynu darostwng Granada. Cawsant gymorth allweddol, os anfwriadol, gan bendefigion y wlad, a ddewisodd yr adeg honno ar gyfer rhyfel cartref. Ac ar fyr o dro dyna ddiwedd Granada – a diwedd al-Andalus hefyd, ar ôl 780 o flynyddoedd: mis Ebrill 711 - 2 Ionawr 1492.

Bu dau ddigwyddiad hanesyddol arall yn 1492 (blwyddyn wir dyngedfennol oedd hi), sef mordaith Columbus i America (bu'n llygad-dyst i gwymp Granada cyn ymadael), a gyrru'r Iddewon o Sbaen. Dim ond yr ail oedd o bwys i'r Moros: roedd yn rhagrybudd o'u ffawd eu hun.

Bu Iddewon yn niferus yn Sbaen ers dyddiau'r Rhufeiniaid. Fe'u herlidiwyd gan y Visigothiaid, eu goddef gan y Moros, a'u herlid drachefn yn Aragón a Castilla-a-León, lle bu canrifoedd o ragfarn a chasineb yn eu herbyn, a pogroms achlysurol.

Trodd nifercedd o Iddewon at Gristnogaeth, rhai trwy argyhoeddiad, rhai efallai er mwyn gwella eu byd, llawer trwy orfodaeth. Ond a oedd y tröedigion yn Gristnogion dilys? Yn 1480, gyda chaniatâd y Pab, sefydlodd Fernando ac Isabel y Chwilys – yr Inquisición – i ymchwilio i'w diffuantrwydd a'u huniongrededd. Ac roedd yr Inquisición yn ymchwilydd didrugaredd. Erbyn 1490 roedd wedi llosgi thyw 2,000 o gudd-Iddewon, neu gudd-Iddewon honedig, wrth y stanc.

Roedd Cristnogion Sbaen yn casáu Iddewon Sbaen (oedd yn llawn cymaint o Sbaenwyr â hwythau) am y rhesymau gwrth-Iddewig arferol: roedden nhw'n rhy gyfoethog, yn rhy ddylanwadol, yn anghredinwyr, yn "wahanol". Ond nid gwrth-Semitiaeth syml a berswadiodd Fernando ac Isabel i yrru'r Iddewon o Sbaen. Roedd eu hideoleg yn ehangach na hynny. Eu nod, fel esboniodd Fernando yn 1481, oedd "gwaredu Sbaen gyfan rhag gelynion y

37

ffydd Gatholig a chysegru Sbaen i wasanaeth Duw."

Trwy orchymyn a gyhoeddwyd ar 31 Mawrth 1492, rhoddodd Fernando ac Isabel ddewis i'r Iddewon: rhaid iddynt naill ai cael eu bedyddio neu adael Sbaen. Dewisodd rhyw 180,000 ymadael a 50,000 gael eu bedyddio. Wrth reswm, daeth y rhai a fedyddiwyd o dan chwyddwydr yr Inquisición – gwae nhw os nad oeddent yn ddilychwin uniongred! – a chyn hir roedd Sbaen wedi "datrys y cwestiwn Iddewig yn derfynol".

Un o nodweddion arbennig ein hoes ni yw "glanhad ethnig"; ond y Sbaenwyr a'i perffeithiodd dros bum can mlynedd yn ôl.

Gwasgarodd yr Iddewon alltud i amryw wledydd o gylch Môr y Canoldir, lle cadwodd rhai ohonynt eu hiaith. Heddiw mae gwasanaeth tramor Radio Nacional de España yn darlledu iddynt unwaith yr wythnos mewn Sbaeneg Canoloesol.

Roedd tynged yr Iddewon yn argoeli'n wael i'r Moros.

Byth ers yr wythfed ganrif, pan ddechreuodd teyrnas yr Asturias ehangu tua'r de, bu Cristnogion yn darostwng Moros. Dewisodd llawer o'r Moros gilio i al-Andalus Islamaidd – cilio fesul cam a cham, wrth i al-Andalus grebachu, nes o'r diwedd grynhoi yn Granada (a chymerwyd eu lle gan fewnfudwyr Cristnogol). Tueddai'r gweddill i droi'n Gristnogion – fel y tueddodd Cristnogion al-Andalus i droi'n Fwslimiaid. Ond roedd eithriadau: arhosai rhai poblogaethau mawr o Moros yn y tiroedd Cristnogol, yn enwedig yn Valencia ac Aragón.

Pan syrthiodd Granada yn 1492, ymfudodd hanner y bobl i ogledd Affrica Islamaidd. Arhosodd y gweddill dan gytundeb ffafriol iawn. Addawodd Fernando ac Isabel y caent gadw eu swyddogion, eu heiddo, eu harferion, eu cyfraith a'u crefydd.

Byrhoedlog yw addewidion brenhinoedd! Cadwodd Fernando ac Isabel at y cytundeb tan 1499. Yna, yn ninas Granada, bu nifer o fedyddiadau gorfodol, a ysgogodd wrthryfel, a ysgogodd ragor o fedyddiadau gorfodol, a ysgogodd wrthryfel mwy difrifol …

Ond os teimlwn ni mai Fernando ac Isabel a dorrodd y cytundeb, nid dyna'u rhesymeg nhw. I'r gwrthwyneb, y *Moros* oedd wedi ei dorri, trwy wrthryfela; ac, o'i dorri, roedden nhw wedi fforffedu eu hawliau odano … Felly trowyd mosgiau'n eglwysi, bu anferth o goelcerth o lyfrau Arabeg, a rhuthrwyd ymlaen â'r rhaglen fedyddio gorfodol … Erbyn diwecd 1501 doedd dim un Mwslim ar ôl yng nghyn-deyrnas Granada – roedden nhw i gyd yn Gristnogion bedyddiedig.

Gwyddai pawb nad Cristnogion go iawn oedden nhw, felly cawsant yr enw dirmygus "Morisco". Dynodai "Morisco" rywun oedd yn Gristion mewn enw ond yn Fwslim o ran credo a ffordd o fyw.

Ystyrid arbrawf Granada ar fedyddio gorfodol yn un llwyddiannus iawn, felly fe'i hestynnwyd yn 1502 i Castilla-a-León, ac yn 1525-6 i Valencia ac Aragón. Nawr doedd dim Mwslimiaid o gwbl yn Sbaen – ond roedd cannoedd o filoedd o Moriscos.

Doedd hynny ddim yn ddigon da. Cristnogion iawn oedd eisiau. Felly yn 1567 deddfodd y brenin Philip II yn erbyn Moriscos Granada. Gwaharddodd eu gwisg, eu baddonau, eu dawnsiau a chaneuon, eu harferion bwyd, fêls y merched a'r iaith Arabeg – gwaharddodd bob agwedd o'u hunaniaeth Islamaidd. Achosodd hynny wrthryfel a barhaodd am ddwy flynedd. Wedi iddo fethu, gwasgarwyd y rebeliaid ar hyd a lled Castilla.

Gwaeth nag anghrediniaeth y Moriscos oedd eu diffyg teyrngarwch. Doedd ganddynt fawr o gariad tuag at Sbaen – sut gallai fod? Adeg rhyfel, cynllwyniai rhai gyda'i gelynion – y Ffrancod, y Twrciaid – i'w bradychu. Bu eraill yn cydweithio â'r môr-ladron o ogledd Affrica (yr enwog *Barbary corsairs*) a arferai ysbeilio arfordiroedd Sbaen. Yn iaith heddiw, pumed golofn oeddent, neu gallent fod. A chan na ellid ymddiried ynddynt, rhaid oedd cael gwared arnynt, fel ar yr Iddewon gynt …

Roedd nifer y Moriscos, yn sgîl cymhathiad ac erledigaeth, wedi disgyn yn ddychrynllyd. Erbyn 1600 roedd tua 300,000 ohonyn nhw yn Sbaen – rhyw 4 y cant o'r boblogaeth lle bu Mwslimiaid unwaith efallai'n fwyafrif. Roedden nhw'n gryfaf yn nhalaith

Valencia ac yn Aragón i'r gogledd o afon Ebro – tua 30 y cant o drigolion Valencia (er gwaethaf bron pedair canrif o fewnfudo gan Gristnogion) ac 20 y cant yn Aragón. Rhai Valencia oedd y mwyaf peryglus: roedden nhw'n niferus ger glannau Môr y Canoldir, lle gallent roi troedle i'r Twrciaid.

Yn 1609 penderfynodd y brenin Philip III alltudio'r Moriscos, 118,000 o rai Valencia yn gyntaf. Rhoddwyd tri diwrnod o rybudd iddynt fyrddio'r llongau a ddarparwyd i'w cludo i Algeria, a bu llawer o ddioddefaint: dygwyd nwyddau llawer, lladdwyd rhai gan filwyr wrth brotestio, bu farw eraill ar y daith, ac eraill eto wedi cyrraedd Oran.

Comisiynodd Philip III gyfres o luniau i goffáu'r achlysur, un ohonynt "Yr Alltudiaeth o Borthladd Denia" (gan Vicente Mostre; gellir ei weld yn oriel Bancaja yn Valencia). Dacw'r castell ar ben y graig (ddim yn adfeiliog fel heddiw), y galis wrth angor yn yr harbwr, y Moriscos yn aros ar y cei … Ond mor hapus ydynt wrth gael eu taflu o'u mamwlad (yn ôl y llun a archebodd y brenin): y gwragedd yn dawnsio mewn rhesi gosgeiddig, y dynion yn mabolgampio! … Rhwng mawrion a chyffredin, medd y capsiwn, trawsgludwyd 47,600 o Moriscos o Denia.

Nesaf, rhyw 160,000 o Moriscos o Aragón a Castilla … Aethant i Foroco, Algeria, Tiwnisia, Ffrainc, Salonika, Istanbwl … Erbyn 1615 roedd y cyfan (gydag ychydig eithriadau) wedi mynd; ac roedd y cwestiwn Morisco hefyd wedi'i ddatrys yn derfynol.

3 Eira Llynedd

Ychydig tu draw i Valencia, dacw graig yn codi o'r gwastadedd ger y môr: anferth o graig benwastad, gyda llethrau serth clogwynog a hen furiau castellog yn ei choroni. Dyna Saguntum (Sagunto heddiw), sy'n enwog am i Hannibal a'r Carthaginiaid ei chipio yn 219 CC, gan symbylu rhyfel mawr rhwng Carthag a'r Rhufeiniaid. Un o ganlyniadau aruthrol y rhyfel hwnnw, yn y tymor hir, oedd troi Sbaen yn dalaith Rufeinig.

Rydyn ni eisoes wedi crybwyll Sagunto, dan ei henw canoloesol Murviedro, fel un o gymdogion gelyniaethus El Cid. Fe'i gwarchaewyd a'i goresgyn ganddo yn 1098, ond yn fuan ar ôl ei farw dychwelodd i feddiant y Moros.

Gadawsom yr A7 wrth Sagunto a dringo i ucheldir llwm Aragón, dair mil o droedfeddi uwchben y môr, ar ein ffordd i Albarracín. Roedd hi'n tynnu at ganol dydd, a'r haul (a'r Volvo) yn eirias. Cylchodd y briffordd ddinas fechan Teruel.

Treuliasom noson yn Teruel unwaith, flynyddoedd yn ôl, a'i chael yn lle go anniddorol, rwy'n ofni. Ond o'i gweld o'r briffordd mae'n hardd, a'i llechweddau'n frith o dyrau hynafol gosgeiddig, a'r dyffryn rhyngddi a'r briffordd yn werddon doreithiog, lawn cnydau a pherllannau a dyfroedd tywyll – yn falm i enaid teithiwr

41

y diffeithwch.

Mae stori drist ac adnabyddus – wn i ddim faint o wirionedd sydd ynddi – am "Gariadon Teruel", y canodd Édith Piaf gân hyfryd amdanynt ers talwm … Yn ôl yr hanes, roedd mab a merch dau o deuluoedd pendefigaidd Teruel, Diego de Marcilla ac Isabel de Segura, yn gariadon ers llencyndod, ond gwaharddodd tad Isabel iddynt briodi am fod Diego'n rhy dlawd. Felly cytunwyd ar gyfaddawd: âi Diego i'r Croesgadau i ennill ei ffortiwn ac arhosai Isabel amdano am bum mlynedd; yna, os na ddychwelai, byddai hi'n priodi gŵr o ddewis ei thad, sef Pedro Fernández de Azagra, pendefig arall.

Daeth y pum mlynedd i ben, a dim golwg o Diego, felly priododd Isabel â Pedro. A thrannoeth cyrhaeddodd Diego. Gofynnodd am un cusan olaf gan Isabel, ond fel gwraig briod gwrthododd hi ei roi. Bu farw Diego o dorcalon yn y fan a'r lle, ac Isabel ychydig wedyn wrth gofleidio ei fedd.

Stori ddigon confensiynol! Ond y syndod yw i Isabel ddal ei thir am bum mlynedd. Oherwydd teulu Pedro de Azagra oedd meistri nerthol cyn-*taifa* Albarracín, a oedd bellach, wedi i'r Moros gilio, yn arglwyddiaeth Gristnogol annibynnol, yn ffinio â theyrnasoedd Castilla ac Aragón ond heb berthyn i'r naill na'r llall.

Daeth enwogrwydd mwy a thristach i Teruel o ganlyniad i'r frwydr dyngedfennol a ymladdwyd yno yn nyfnder gaeaf 1937-8, adeg Rhyfel Cartref Sbaen, pryd y cipiwyd y dref gan y Weriniaeth a'i chipio'n ôl gan Franco. Brwydr arswydus oedd hi, a cholledion y ddwy garfan yn ddychrynllyd: lladdwyd 14,000 a chlwyfwyd 16,000 o filwyr Franco, a llawer mwy ar ochr y Weriniaeth. Yn sgîl y fuddugoliaeth torrodd byddin Franco drwodd i Fôr y Canoldir, gan rannu'r Weriniaeth yn ddwy a gwneud ei chwymp terfynol yn anochel.

Ond yr hyn sy'n anhygoel i'r sawl sy'n gyrru heibio Teruel yng ngwres tanbaid mis Awst yw'r *tywydd* a ddioddefai'r ymladdwyr … Mae'r gaeafoedd yno'n galed, meddir, ond roedd gaeaf 1937-8 gyda'r gwaethaf a gofnodir. Claddwyd y ddaear dan bedair troedfedd o eira, methai awyrennau â hedfan, glynodd chwe chant o dryciau yn y lluwchfeydd ar y ffordd o Valencia. Deunaw gradd o rew! Roedd tyrau gosgeiddig Teruel yn bibonwy, y dyfroedd tywyll yn haearn gwyn …

Ychydig tu draw i Teruel, troesom o'r briffordd a chymryd yr heol i Albarracín. Lôn wledig oedd hi, ond âi fel saeth dros y gwastadedd am ychydig, nes dechrau gweu rhwng bryniau a dyfodd yn fuan yn fynyddoedd garw. Ymddangosodd trelar ceffylau o'n blaen, a dau bâr o lygaid amyneddgar yn rhythu arnom dros y glwyd, a ninnau'n rhythu'n ôl, a'r cwt o geir tu cefn inni'n mynd yn hirach ac yn hirach. Ac o'r diwedd, wrth fin y ffordd, dyma'r bordyn a hysbysai "Albarracín".

Gadawsom y Volvo i rostio mewn maes parcio rhwng bryn ac afon a dechrau dringo tua'r dref.

Tref hynafol iawn yw Albarracín – mae sôn amdani, dan yr enw "Santa María", yn nyddiau'r Visigothiaid. A hanes ysblennydd sydd iddi. O tua 1013 hyd 1104, pryd y syrthiodd i'r Almorávides, bu'n brifddinas teyrnas *taifa* teulu'r Ibn Razin – o "Ibn Razin" y daw "Albarracín". Yna, o 1170 tan tua 1285, pan ymgorfforwyd yn Aragón, bu'n arglwyddiaeth sofran dan Pedro Ruíz de Azagra a'i ddisgynyddion (dyna gyfnod hanes Cariadon Teruel). Prifddinas ddwywaith ar diriogaethau annibynnol! Ond canrifoedd yn ôl y bu hynny.

Roedd y stryd i fyny'r bryn yn hir, syth a serth, ond roedd coed yn rhoi cysgod rhag yr haul. Rhwng y ffordd a'r gwestyau disgynnai ffos goncrit sych. Mewn tymhorau eraill, na ellid eu dychmygu, byddai honno'n cario glawogydd ac eira tawdd o'r dref uwchben.

Ar ben y bryn dyma gwr yr hen dref, a heol gul grwca'r Calle del Chorro – "Stryd y Ffrydwyllt" ("stryd" yw *calle*) … Rhaid bod y dyfroedd afreal hynny yn arfer byrlymu ar hyd-ddi ers talwm; hwyrach eu bod o hyd.

Daethom allan toc i'r Plaza Mayor ("Sgwâr Fawr" y dref) – llyn llydan o heulwen, gyda hanner dwsin o strydoedd bach tywyll yn agor arni. Lle hyfryd oedd e – dim byd modern ar ei gyfyl! Roedd yno adeiladau wedi'u plastro'n binc a melyn, ac eraill o garreg, a'r Ayuntamiento (sef Neuadd y Dref) gyda'i baneri swyddogol, a bar neu ddau ... Roedd cysgod wrth fôn y muriau yr ochr draw, a thwristiaid yn clystyru yno ar feinciau maen.

Yng nghornel bella'r Plaza Mayor daethom at wylfan ar ben dibyn. Edrychai dros afon a dyffryn dwfn tua mynyddoedd anial.

Cawsom hyd i swyddfa dwristiaeth yn un o'r strydoedd cefn. Rhoddodd y ferch fap o'r dref inni a marcio'r mannau diddorol. "Ond bydd rhaid ichi frysio," meddai. "Mae hi wedi troi hanner wedi un ac mae bron pobman yn cau am ddau."

Roedd amgueddfa ym mhen arall y dref, a'r ffordd ati'n dilyn ymyl y dibyn. Gobeithio gweld hen stwff Islamaidd roedden ni, ond wnâi'r ferch yn y cyntedd ddim ein gadael i mewn. "Rydyn ni'n cau mewn chwarter awr," meddai.

"Eisiau gweld y stwff Islamaidd rydyn ni," meddem.

"Does 'na ddim. Lluniau sy gennyn ni yn bennaf."

Wel – pwy sy eisiau gweld lluniau beth bynnag, yn Albarracín?

Safai'r dref ar benrhyn uchel hirgul, a'r afon a'r dibyn yn gwarchod tair ochr iddi. Ar y bedwaredd ochr, lle ymdoddai'r penrhyn i'r mynyddoedd, codai cefnen arw a chlamp o ragfur ar ei chrib. Amhosibl i elyn gymryd Albarracín, gallech feddwl, onid trwy gytundeb neu frad.

Adeiladodd y Moros gastell yn Albarracín, ar ben bryn yng nghanol y dref a'r dibyn wrth ei gefn. Dringon ni ato i fyny llechwedd lafurus a staer hir – a chael y drws ar glo. Ond o'r trothwy medrem edrych i fyny tuag at y rhagfur a goronai'r gefnen ac i lawr ar doeau'r dref, yn gryno fel pice bach ar blât. Tref fach fach oedd hi – ychydig gannoedd o drigolion efallai?

Roedd y castell yn un digon gwylaidd, gyda thyrau pwt nad oeddent ond cromfachau yn y muriau. Ond safai'n ddiogel ar ei uchelfan, yn gadarnle o fewn cadarnle. Roedd y muriau'n berffaith lachar a di-graith – wedi cael eu hadnewyddu fesul carreg, mae'n rhaid, a hynny'n ddiweddar.

Crwydron ni mewn heolydd tawel heibio siopau bach henffasiwn. Roedd rhai yn hysbysebu iâ ar werth: *"hielo muy frío* – iâ oer iawn"*, meddai un …

Daethom i *plaza* glyd ac ynddi ardd i eistedd dan y coed. Yr ochr draw codai corff cydnerth y Catedral, gyda thŵr bach wythochrog a thŵr mawr sgwâr, a rhyw lun o ddeial haul yn addurno'r wal. O gornel y *plaza* disgynnai llwybr cyfyng creigiog i borth y Catedral, a Phalas yr Esgob drws nesaf.

Tu ôl i'r porth roedd coridor oeraidd pedairconglog, fel cloestr wedi'i walio i mewn. Ynghrog ar y muriau roedd lluniau o Orsafoedd y Groes, wedi'u peintio ar bren tywyll. Yng ngwyll y Catedral ei hun llewyrchai pethau euraidd a phethau ariannaidd, fel y gwelwch mewn eglwysi Catholig.

Am Catedral doedd hi fawr o beth, yn debycach i eglwys blwyf nag i eglwys gadeiriol. Ond mae'n syndod bod Catedral o gwbl mewn man mor amhoblog ag Albarracín.

Pedro Ruíz de Azagra fu'n gyfrifol. Pan enillodd e Albarracín oddi ar y Moros, roedd arno eisiau esgobaeth i gyd-fynd â'i arglwyddiaeth newydd. Ar yr un pryd roedd awdurdodau'r Eglwys yn Sbaen yn awyddus i adfer yr hen esgobaethau Visigothaidd a ddiflannodd dan Islam. O ganlyniad, pan ddangosodd Pedro i Albarracín fod yn esgobaeth pan oedd hi'n Santa María, gwnaed hi'n esgobaeth eto, gyda esgob a Catedral; ac, er iddi edwino o fod yn brifddinas i fod yn bentref, dyna yw hi byth – unwaith mae esgobaeth yn bodoli, nid hawdd ei diddymu.

Roedd gwylfan wrth Balas yr Esgob, gyda golwg ar y dyffryn a'r dibyn. Codai'r dibyn yn haenau fel teisen: craig amrwd yn y gwaelod, yna rhagfur carreg, wedyn tai ffenestrog garw gyda thoeau o deils coch, ac yn olaf llethr o doeau'n estyn hyd at y mynydd.

Yn ôl yn y Plaza Mayor buon ni'n eistedd am ychydig ar y meinciau maen yn y cysgod. Ond beth oedd y dwndwr hwnnw o'r Calle Azagra? … Fe holrheiniais i'r Bar Azagra, oedd dan ei sang o giniawyr siaradus yn trin cyllyll a ffyrc a gwydrau a phlatiau

– a llond y platiau o gig carw a baedd gwyllt, yn ôl y fwydlen yn y ffenestr – a'u twrw'n diasbedain ar hyd y stryd ac allan i'r Plaza. Dyna fyddai'r lle i fwyta yn Albarracín, petai gennyn ni amser …

Aethom i fyny rhyw lôn fach, gwrhyd o led rhwng adeiladau uchel uchel, a'u balconïau bron â chyffwrdd, a'r llinyn teneuaf o wybren yn gwahanu'r bargodion pell. Daeth honno â ni i'r Calle del Portal del Agua – "Stryd Porth y Dŵr" – a'i thai fel pentyrrau o hen focsys: pedwar neu bum llawr, a dim un yn ffitio ar ben y llall. A dacw'r Portal del Agua ei hun, agoriad pengrwn a'r stryd yn rhedeg trwyddo a thŷ ar ei do a thŵr wrth ei ymyl …

Roedd yn bryd ymadael. Cawsom botelaid o ddŵr oer mewn bar, wrth ffenestr a edrychai dros y dyffryn. Roedd y ddau weinydd ifanc wrth y cownter yn gwylio Fformiwla Un ar y teledu, ond heb fwynhad am fod Fernando Alonso yn colli … Yna i lawr y rhiw i'r maes parcio, ar ein ffordd i Sigüenza ac Almazán.

Sut ddarlun rydw i wedi'i roi o Albarracín? … Lle ffantasïol yw, ar ben ei chraig, fel tref dylwyth teg. Mae'n hynafol ym mhob dim ond ei newydd-deb hollbresennol – y glendid, y sglein, y paent, y palmentydd, cyflwr perffaith yr adeiladau … Bu'n amddiffynfa gref. Ond beth, yn yr ucheldir diffaith hwnnw, oedd ganddi i'w amddiffyn?

Yn sicr, mae'n werth ei gweld. Tua deg o'r gloch y bore fyddai'r amser gorau, pan fydd pobman ar agor a'r haul heb ddechrau twymo …

Aethom i lawr o'r mynyddoedd, ac yn ôl i'r briffordd, a throi ymhen ychydig i gyfeiriad Sigüenza. Daeth castell ar lechwedd i'r golwg, gyda chaeau o'i gwmpas a muriau cadarn o gylch y rheiny – anferth o gorlan lle gallai miloedd o dda byw lochesu rhag y byddinoedd ysbeilgar gynt.

Doedd dim gair am y castell yn ein tywyslyfr, ond enw'r dref gerllaw oedd La Molina. Man adnabyddus! La Molina oedd cadarnle Avengalvón (yn Arabeg, Ibn Ghalbun), teip delfrydol "y Moro daionus" yn y *Poema de Mio Cid.*

Cymerodd bardd y *Poema* dipyn go lew o ryddid gyda'i ddeunydd. Yn Le María a Cristina, rhoddodd i ferched El Cid yr enwau Elvira a Sol, a gwnaeth iddynt briodi nid Ramiro o Navarra a Chownt Ramón Berenguer III o Barcelona ond dau adyn uchelwrol o Castilla, yr Infantes (neu "dywysogion") o Carrión … Yn ôl y *Poema*, daeth yr Infantes i Valencia ar gyfer priodas ddwbl, yna cychwyn adre gyda'u gwragedd newydd i Castilla, gan ddilyn ffordd a arweiniai trwy Albarracín, La Molina a Medinaceli. Gofynnodd El Cid i'w gyfaill Avengalvón eu hebrwng o La Molina i Medinaceli, yr hyn a wnaeth yn anrhydeddus, gan roi iddynt anrhegion hael a gosgordd o ddau cant o farchogion. Diolchodd yr Infantes iddo trwy geisio ei lofruddio a dwyn ei gyfoeth. Ond clywodd Avengalvón am eu bwriad

> … ac nid oedd a ddywedodd wrth fodd yr Infantes:
> "Beth wnes ichi, dywedwch, Infantes o Carrión?
> Gwasanaethais chi'n ffyddlon, a dyma gynllwyn i'm lladd!
> Oni bai imi'ch maddau er mwyn El Cid de Vivar,
> buasai'r sôn am eich cosb yn atseinio trwy'r byd …
> ac ni ddychwelech fyth i Carrión!"

Mae'n amlwg na cheir gwirionedd ffeithiol yng nghynllun a chymeriadaeth y *Poema*. Mi roedd 'na Infantes o Carrión go iawn, ond pâr digon diniwed oeddent, hyd y gwyddys (ac mae ysgolheigion yn pendroni beth yn y byd oedd gan y bardd yn eu herbyn); ac er mai person hanesyddol oedd Avengalvón hefyd, mae'n amheus a gydoesai ag El Cid. Ar y llaw arall, mae manylion wrth-fynd-heibio y *Poema* fel rheol yn synhwyrol, ac mae'n fwy na phosibl bod y briffordd o Valencia i Castilla (yn y dyddiau hynny pan allai "priffordd" olygu llwybr garw â lle i gert a marchog basio) yn arwain trwy Albarracín, La Molina a Medinaceli – a bod hynny'n rheswm dros bwysigrwydd Albarracín.

Daethom i Sigüenza, a pharcio, ac esgyn heol siopa i chwilio am ganol y dref. Ac wele leian yn ymddangos o stryd ochr a diflannu i'r stryd gyferbyn. Yna daeth eraill, fesul dwy a thair, rhai'n hen a rhai'n ifanc, yn troedio'n bwrpasol i'r un hynt anhysbys; pob un wedi'i gwisgo'r un fath, mewn gŵn hir satinaidd disgleirwyn dilychwyn, a phenwisg wen, ac esgidiau du â strapiau twt a ddatgelai'r tamaid lleiaf o wynder hosan. Croesasant o bafin i bafin fel sêr graslon yn hwylio o gwmwl i gwmwl.

Ym mhen yr heol roedd swyddfa dwristiaeth, ac ymhlith y taflenni un am "Don Quijote a Sigüenza".

"Dwi ddim yn cofio Don Quijote yn dod i Sigüenza," meddwn wrth y ferch.

"Na," ebe hi. "Ond beth am yr offeiriad – hwnnw a losgodd y llyfrau a wnaeth iddo golli ei ben?"

Roedd hi yn llygad ei lle … Hanfod stori Don Quijote yw iddo fynd o'i go trwy ddarllen gormod o nofelau ffantastig am farchogion rhamantus a'u gorchestion goruwchddynol. Ysai gymaint am gael anturiaethau tebyg nes i'w ymennydd ymfflamychu â rhithiau, megis y melinau gwynt hynny y credai eu bod yn gewri. Yn rhy hwyr ceisiodd ei ddau ffrind, y barbwr a'r offeiriad, iacháu'r gorffwylledd trwy ddinistrio'r hyn a'i hachosodd. Aethant trwy lyfrau Don Quijote – llyfrgell helaeth oedd ganddo – i ddidoli'r rhai da a'r rhai drwg. Cafodd sawl llyfr aros; ond am y lleill, hedodd cyfrol ar ôl cyfrol trwy'r ffenestr i'r goelcerth – *Olivante Tywysog Macedonia, Florismarte o Hircania, Hanes y Marchog Esplandián* … Gŵr gradd o Sigüenza oedd yr offeiriad, medd Cervantes; ond roedd elfen o ddychan yn hynny, oherwydd prifysgol go ddinod (nad yw'n bod mwyach) oedd Sigüenza, ac ensynio roedd yr awdur bod gradd yr offeiriad yn ddiwerth …

Tref hardd oedd Sigüenza. Roedd ganddi Catedral wych, Plaza Mayor osgeiddig, a llawer o fân strydoedd hynafol hyfryd – mae dwsinau o drefi felly yn Sbaen.

Dringon ni'r stryd fawr i gael cip ar balas yr esgobion, a safai ar wastadedd uwchben y dref. Mwy o gastell na phalas esgob oedd e. Bu'n gastell dan y Moros, ac yn gastell o hyd dan y Cristnogion (a'i meddiannodd yn 1 24), ac enfawr o gastell yw e heddiw, yn gwgu dros y strydoedd, gyda thyrau sgwâr a thyrau crwn, a muriau uchel cadarn per fylchog, a muriau penfylchog eraill tu ôl i'r rheina. Dengys rym a bygwth yr esgobion gynt, oedd yn tra-awdurdodi fel barwniaid ar Sigüenza.

Parador yw'r castell bellach, ac roedden ni wedi ystyried bwcio stafell yno. Ond wnaethon ni ddim, oherwydd darllen iddo gael ei ddinistrio bron yn llwyr yn 1812 gan filwyr Napoleon, ac i'r hyn oedd ar ôl gael ei chwalu yn 1836, adeg y rhyfel cartref rhwng y Frenhines Isabel II a'r ymhonnwr Don Carlos, ac i'r castell presennol gael ei ailadeiladu megis o'r llawr yn ail hanner yr ugeinfed ganrif. Rydyn ni'n hoffi sefyll mewn Paradores sy'n hen gestyll neu balasau neu fynachlogydd go iawn – ond pam trafferthu ag atgynhyrch ad?

Camgymeriad wnaethon ni. Allwn i ddim canfod y gwahaniaeth lleiaf rhwng yr anferthle mawreddog, os modern, hwn a rhyw gaer oesol a gafodd ei thacluso a'i hadnewyddu dipyn … Roedd yn bertach efallai.

Dioddefodd tref Sigüenza beth difrod hefyd yn ystod rhyfel cartref diwethaf Sbaen, ym mrwydr fawr Guadalajara (Mawrth 1937), pryd y gwrthsafodd y Weriniaeth ymosodiad cryf gan Franco. Roedd nifer o Gymry yn y Brigadau Rhyngwladol a ymladdodd yn Guadalajara.

Bu gen i deimladau cryf, yn fy ieuenctid, am y rhyfel hwnnw. Rhyw Armagedon oedd e rhwng y Da a'r Drwg, a'r Da, yn drychinebus, a gollodd. Wnâi fy ngwraig na minnau ddim mynd ar gyfyl Sbaen tan ar ôl i Franco farw.

Rwy'n llai hyderus fy marn heddiw. Roedd Franco yn ddiau, gyda'i greulondeb anrhaethadwy, yn cynrychioli'r Drwg. Ond faint gwell oedd y Gweriniaethwyr? Cyflawnodd y rheina hefyd eu llu o erchyllterau, a mynd yn fwy-fwy (gellir dadlau) yn bypedau i'r Comiwnyddion. Pa un a fuasai orau gennym ar stepen y drws – Franco gwan neu Stalin grymus?

Aeth tua 150 o Gymry i ymladd dros y Weriniaeth yn Rhyfel

Cartref Sbaen, dim llawer o'i gymharu â'r niferoedd o sawl gwlad arall. Twylledigion oeddent, yn mentro'u bywydau dros rithiau mor ddisylwedd â rhai Don Quijote. A pham ymyrryd mewn cweryl estroniaid – onid oedd digon o anghyfiawnderau gartref? ...

Dadl amherthnasol bellach! Mae gwerthoedd a gwleidyddiaeth yr ornest fawr rhwng Ffasgiaeth a Chomiwnyddiaeth mor ddieithr heddiw â rhai'r ornest arall honno, ganrifoedd ynghynt, rhwng Cristnogaeth ac Islam; onid dieithrach.

Ac eto, mae'n dal i ddiddori ... Mi gynghorwn unrhyw un sydd am ddeall y Cymry a aeth i Sbaen i ddarllen llyfr Robert Stradling, *Wales and the Spanish Civil War* – cyfuniad godidog o'r difyr a'r dysgedig ...

Wedi dod mor bell â'r Parador, aethon ni i'r bar i gael diod. Stafell fawr gysgodol oedd hi, gyda byrddau pren, golwg ddigon hynafol, dim cwsmeriaid ond ni, ac un gweinydd. Ond roedd y gweinydd yn dioddef o'r clefyd llygaid yna sy'n nodweddu rhai gweinyddion: medrai edrych i'n chwith ac i'n de, dros ein pennau, dan ein traed ac yn syth trwom, ond ni fedrai ein gweld i gymryd archeb. Felly ymhen ychydig aethon ni'n ôl i'r car a chychwyn am Almazán, lle roeddem i aros y nos.

Ffordd eitha gwledig oedd hi i Almazán, a chyn hir daethon ni at gyffordd heb fynegbost. Y fforch chwith edrychai'n fwyaf addawol, felly dewison ni honno, a'i dilyn am ychydig gilometrau nes cyrraedd pen bryn. Ac ar wastad y dyffryn islaw wele res ar ôl rhes o gaeau eira – sgwarau bach gwyn yn pefrio'n rhewllyd yn yr haul ... Nid eira ond halen. Dyna feysydd sychu halenfa enwog Imón, lle cynhyrchid halen gynt trwy anweddu dŵr o'r afon gerllaw – y Río Salado, neu "Afon Hallt". Cychwynnwyd yr halenfa yn y ddegfed ganrif, os nad cyn hynny, a pherthynai am ganrifoedd i frenhinoedd Castilla. A diwydiant pwysig oedd hi, yn ildio dros dair mil tunnell o halen bob blwyddyn, nes ei chau yn 2002. Ac erys y meysydd yn wyn.

Gwyddwn am Imón am imi geisio (a methu) bwcio stafell mewn gwesty yno, a doedd hi ddim ar y ffordd i Almazán. Felly troesom yn ôl a thrio'r fforch arall – i Almazán, gobeithio…

Roedden ni'n gyrru trwy ddyfnder cefn gwlad, rhwng caeau âr a gweirgloddiau a bryniau coediog … Gwelsom gastell ar lechwedd fan draw … Weithiau âi lôn fach o'r neilltu, i chwilio am bentref tu ôl i allt. Wrth geg pob lôn roedd arhosfan bysiau, ond doedd neb yn disgwyl wrthynt.

Bob hyn a hyn gwelem grwpiau o bobl yn cerdded wrth fin y ffordd, dynion a gwragedd mewn dillad hafaidd ffasiynol, allan am dro yn yr hwyrddydd. Ond o ble daethon nhw, ac i ble roedden nhw'n mynd, heb na phentref na thŷ yn y golwg?

Daethom at briffordd a mynegbost: Guadalajara i'r chwith, Almazán i'r dde …

Safai'n gwesty, yr "Hotel Villa de Almazán", ar gwr Almazán wrth ymyl y briffordd i Soria, lle bydden ni'n mynd drannoeth. Adeilad newydd sgleiniog gwestyaidd oedd e – dienaid braidd.

Pwy oedd piau'r holl geir tu allan, tybed? Nid tref dwristaidd oedd Almazán, ac roedd yn rhy fach i ddenu llawer o bobl fusnes. Beth bynnag, nos Sadwrn oedd hi, a phob teithiwr busnes yn hapus gartref gyda'i deulu, neu ei theulu.

Buon ni'n hwyr yn cyrraedd, ac roedd bron yn ddeg o'r gloch arnon ni'n dod lawr i mofyn am ginio. Roedd y *restaurant* yn ddrud a neb yn bwyta yno; gwell golwg oedd ar y bar. Doedd neb yn bwyta fan'na chwaith, ond lle bywiog oedd e, gyda nifer o yfwyr wrth y cownter a sawl cwmni bach clyd yn chwarae cardiau ar fordydd â llieiniau gwyrdd.

Roedd y bar yn cynnig tapas, pethau eraill, a "chinio seidr". Roedd hefyd yn hysbysebu partïon *stag* a *hen*, ond doedd dim un o'r rheina ymlaen heno – trueni! Ond petasai un, hwyrach buasai'r bar ar gau i rai fel ni.

Eisteddon ni wrth fwrdd a daeth merch siriol i gymryd ein harcheb. Gofynnon ni am *calamares*, *sepia* a *patatas bravas*, sef modrwyon sgwid, *cuttlefish* (wedi'i dorri'n ddarnau), a thatws gyda

51

saws coch pigog. Daeth plateidiau hael blasus ohonynt, ynghyd â gwydraid yr un o win coch.

Roedd pobl yn dechrau symud o'r byrddau chwarae i'r byrddau bwyta. Gwibiai gweinyddesau yma a thraw gyda hambyrddau llwythog a glaseidiau byrlymog o seidr. Cyrhaeddai teuluoedd mawr trwy'r drws – mam-gu a thad-cu, tad a mam, ewythredd a modrybedd, meibion bach, merched bach a babis. Plant yn dod allan yr awr hon o'r nos! … Daeth rhagor a rhagor o deuluoedd.

Roedd y bar dan ei sang, yn atseinio â chlebran a miri. Gwesty newydd ond gŵyl hen iawn: nos Sadwrn draddodiadol Almazán.

Aethom i'r gwely am hanner wedi un ar ddeg. Wrth inni adael y bar daeth teulu niferus arall i mewn, a chrwt bach yn chwifio cleddyf plastig.

4 Numantinus

Chysgon ni ddim yn dda. Tua hanner awr wedi pump cawsom
ein deffro gan stŵr ar y stryd tu allan ac es i at y ffenestr i edrych.
Roedd car o flaen un o'r tai, a grŵp o bobl o'i gwmpas yn clepian
drysau a sgwrsio nerth eu pennau – noson hwyr, rwy'n meddwl,
yn hytrach na bore cynnar.

Ni oedd y rhai cyntaf i gyrraedd y bar am frecwast. Archebon ni
goffi a chwpwl o *croissants*.

Bachgen croenddu hyfryd, â rhyw olwg Garibïaidd arno, oedd
wrth y cownter. Cyfarchodd ni mewn Saesneg mor dda nes imi
dybio mai dyna oedd ei famiaith. Gofynnais o ble roedd yn dod.

"O Weriniaeth Dominica," meddai.

Gweriniaeth Dominica yw'r deuparth Sbaeneg o ynys Hispaniola
(Haiti Ffrangeg yw'r traean arall). Ar Hispaniola y bu trefedigaeth
gyntaf Sbaen yn y Caribî ar ôl ei ddarganfod gan Columbus.

"Sut cawsoch chi'ch Saesneg?"

"Roedd yn bwnc gen i yn y brifysgol."

Roedd wedi bod yn Sbaen ers un ar ddeg o flynyddoedd, yn
gweithio yma a thraw mewn bars ac ati …

Aethom i gael cip ar dref Almazán cyn troi am Soria. Roedd i'w
gweld o bell, yn sefyll ar ben clogwyn yn ymyl afon Duero.

Caer ar y ffin oedd Almazán ers talwm, a chafodd hanes

53

cythryblus. Sefydlwyd gan y Califf Abd al-Rahman III yn y ddegfed ganrif (gair Arabeg am "gastell" yw "Almazán"); cipiwyd i'r Cristnogion gan Alfonso VI o Castilla tua 1098; ac am ganrifoedd wedyn bu'n asgwrn cynnen rhwng teyrnasoedd Castilla, Navarra ac Aragón. Bu'n bencadlys rhyfel i'r brenin difeddianedig Alfonso de la Cerda oddeutu 1300, ac yna i'r brenin melltigedig Pedro Greulon o Castilla o gwmpas 1360, ac ar ôl llofruddiaeth Pedro Greulon rhoddwyd fel arglwyddiaeth filwrol i'r marchog enwog o Lydaw Bertrand du Guesclin, ac yn derfynol, yn 1395, i deulu grymus yr Hurtado de Mendoza. Yna priododd Fernando o Aragón ac Isabel o Castilla gan ddod â heddwch i Sbaen, a syrthiodd Almazán i'r cysgodion. Dim ond tref fach wledig arall â gorffennol ysblennydd yw hi heddiw.

Gadawson ni'r car ar stryd gobls wrth un o hen byrth y dref a mynd trwodd i'r Plaza Mayor. Roedd eglwys ddel wrth ein hymyl, a phalas clasurol teulu'r Hurtado de Mendoza gyferbyn, a golygfa brydferth ar afon Duero islaw – dyfroedd llonydd, elyrch, coed uchel, ynysoedd gwyrdd … Ond roedd gormod o adeiladau modern yn y Plaza. Fyddai'r awdurdodau byth am roi i Almazán y driniaeth serchus a gafodd Albarracín neu Sigüenza.

Roedd hi'n dal yn gynnar yn y dydd, yn oeraidd a chymylog, a fawr neb i'w weld yn y Plaza Mayor. Yn y strydoedd bach cyfagos roedd graffiti ar y muriau, a gwasgariad nos Sadwrn o gwpanau plastig a theilchion poteli. Yn y Plaza de Santa María cwrddon ni â thryc mawr a throlïau gwyrdd a gweiddi croch y glanhawyr ar eu rownd boreol … Aethom yn ôl i'r car a chychwyn am Soria.

Tref Soria yw prifddinas talaith Soria, ac mae ganddi boblogaeth o tua 39,000. Gall tref o'r maint yna yn Sbaen gynnal tîm pêl-droed dosbarth cyntaf, ac mae un gan Soria. Mewn ac allan o'r Primera mae e (allan gan amlaf), ond cafodd awr o ogoniant (cymharol) yn 1996 pan gyrhaeddodd wyth olaf Cwpan y Brenin trwy guro Real Sociedad, Racing de Santander a Sporting de Gijón. Pan gollodd o'r diwedd i FC Barcelona yn y Camp Nou, roedd bron hanner poblogaeth Soria yno i'w wylio.

Ond waeth pa mor hyddysg ydych chi yn hynt pêl-droed Sbaen, efallai na fyddwch wedi sylwi ar dîm Soria, achos nid dan yr enw hwnnw mae'n chwarae. Ei deitl swyddogol yw "Club Deportivo Numancia de Soria", ond ei enw pob dydd yw "Numancia" ... Numancia – neu yn hytrach Numantia – yw prif hawl yr ardal ar enwogrwydd. Safle archeolegol, ychydig tu allan i Soria, yw hi bellach. Ond tref Geltiberaidd oedd hi gynt, ac yno, yn y blynyddoedd hyd at 133 CC, yr ymladdodd y Rhufeiniad un o'u rhyfeloedd caletaf. Ar ôl Soria, dyna lle bydden ni'n mynd.

Cawsom le i adael y car yn union ganol y dref, a'n cael ein hun wrth ddrws y Museo Numantino, felly aethom i mewn. Roedd yno benglog mamoth, atgynhyrchiad (eithaf dychmygol, rwy'n credu) o annedd Geltiberaidd a llawer o olion Rhufeinig: arysgrifau, darnau arian, tameidiach o grochenwaith ac ati.

Codon ni daflen o swyddfa dwristiaeth a mynd i gerdded y dref. Roedd yn fore heulog braf bellach, a phobl yn eu dillad Sul allan yn rhodianna neu'n eistedd wrth fyrddau caffes ar y stryd. Roedd yno heolydd troedolion, hen eglwysi, siopau llewyrchus. Tref hynafol gyfoes brysur oedd hi.

Aethom i fyny stryd gyfyng y Calle de los Estudios, a phasio rhyw dŷ teisen-sinsir rhyfeddol gyda briciau cochfrown, llu o addurniadau ffansi (bwâu, pileri, ffenestri uchel cul), a theils fel eisin lliwgar dros y ffrynt. Tŷ gwrach ddylsai fod, ond cangen o Fanc CAM oedd e.

Enw apelgar ar fanc yw CAM, onid e? Ond saif yr C A M am "Caja de Ahorros de Mediterráneo", sef "Coffr Cynilo Môr y Canoldir" – beth sy'n grwca yn hynny?

Daethom i lawr y Calle de la Doctrina a chyrraedd palas godidog Cowntiaid Gómara, bellach yn llysoedd barn. Tu mewn i'r porth roedd staerau maen llydan, a dau gloestr colofnog hardd, un uwchben y llall ... Ond roedd heddlu arfog y llys yn dechrau ymddiddori ynom, felly ymlaen â ni a dod i'r Plaza el Rosel y San Blas.

Yn y Plaza el Rosel y San Blas roedd adeilad pedwar llawr â'i ffasâd cyfan wedi'i orchuddio â phosteri am Antonio Machado. Mae Soria'n frith o gysegrfannau i Antonio Machado. Dangosai hwn luniau mawr ohono ef a'i wraig, bywgraffiad cryno amdano ac un o'i gerddi.

Bardd poblogaidd iawn yn Sbaen yw Machado – un o'r rhai mwyaf poblogaidd. Ysgrifennodd delynegion melys, rhamantus, lliwgar, melodaidd, sydd weithiau'n gofiadwy.

Bu farw Machado yn 1939, yn 64 oed. Dim ond pum mlynedd a dreuliodd yn Soria, ond yno y cwrddodd â'i gariad fawr Leonor, a'i chanlyn, a'i phriodi; ac mae Soria wedi'i hawlio fel ei heiddo ei hun. Mae e'n denu twristiaid efallai; gwelsom rai yn Soria.

Am Leonor roedd y gerdd ar y poster:

Soñé que tu me llevabas
por una blanca vereda,
en medio del campo verde,
hacia el azul de las sierras,
hacia los montes azules,
una mañana serena.

Sentí tu mano en la mía,
tu mano de compañera,
tu voz de niño en mi oído
como una campana nueva,
como una campana virgen
de una alba de primavera ...

Breuddwydiais dy fod yn fy arwain
ar hyd llwybr gwyn,
ynghanol gwyrddni'r wlad,
tua glas y sierra,
tua'r mynyddoedd gleision,
un bore araul.

Clywais dy law yn fy llaw,
dy law cymdeithes,
dy lais plentyn yn fy nghlust
fel cloch newydd,
fel cloch wyryfol
rhyw wawr o wanwyn ...

Persain, on'd yw hi? Y broblem yw bod rhaid cymryd y "llais plentyn" hwnnw o ddifri. Roedd Machado yn 34 oed pan briododd Leonor. Roedd hithau'n 13 oed yn dechrau canlyn, yn 15 yn priodi ac yn 18 pan fu farw o'r diciâu.

Roedd sôn yn ein taflen am hen fynachdy diddorol, gyda chloestr hynod ac eglwys, a fu'n perthyn ers talwm i Farchogion Sant Ioan. Yng ngwaelod y dref roedd e, lle roedd y briffordd yn croesi afon Duero, felly gyrron ni i lawr o'r Museo Numantino, parcio'r car yn y maes parcio a mynd trwy glwyd haearn gadarn i'r cloestr.

Hen gloestr sgwâr adfeiliog glaswelltog ... Ond yn lle'r colofnau cyffredin, rhyw gyrliciws maen oedd ganddo, yn ymwau ac ymgylchu yn ei gilydd fel yr ymarfer "llinell ddolennog" a welwch mewn gwerslyfr ysgrifennu i blant. Ecsentrig dros ben – rhyw fanc CAM wyth canrif cyn ei amser.

Aethom i mewn i'r eglwys, a chroesawodd y gofalwr ni: "Rydw i'n cau mewn pum munud!" ... Ond ef ei hun oedd yr atyniad (os dyna'r gair)! Prowliodd rownd a rownd wrth y muriau carreg fel ci mewn caets, gan gynnal sgwrs ddig loerig â'i hunan dan ei lais ... Yna "Amser cau!" meddai, a'n hysio ni allan o'r eglwys a'r cloestr a chloi'r glwyd yn glep ar ein hôl.

Eisteddon ni ar fainc gysgodol yn y maes parcio am ychydig, yn gwylio twristiaid hwyr yn ysgwyd y glwyd; yna cychwynnon ni am bentre Garray, gerllaw Numantia.

Daeth y Rhufeiniaid gyntaf i Sbaen yn 218 cc, yn sgîl ymosodiad y Carthaginiaid ar Saguntum, y soniwyd amdano gynnau; ac wedi dod, arhoson nhw am dros chwe chan mlynedd. Dechreusant trwy oresgyn arfordir y de a'r dwyrain, yna symud ymlaen i'r berfeddwlad. Yn 153 CC cyraeddasant Numantia, tref yn perthyn i genedl yr Arevaci.

Peiriant ymladd anorchfygol oedd Rhufain y pryd hynny, a'i byddin o werinwyr gwydn, dan swyddogion pendefigaidd a hyfforddid o'u mebyd yng nghrefft rhyfel (fel uchelwyr Sbaen ganrifoedd wedyn), yn prysur ddarostwng holl wledydd glannau Môr y Canoldir.

Y cadfridog Rhufeinig cyntaf i wynebu'r Arevaci oedd Fulvius Nobilior, gyda byddin o 30,000 o filwyr, yn ôl yr hanesydd Appian, a adroddodd stori Numantia ...

30,000 – efallai ... Oherwydd ni ellir dibynnu ar haneswyr y Cynfyd pan geisiant gofnodi maint byddinoedd. Yn gyntaf, ni allent bob amser fod yn siwr o'u ffeithiau. Yn ail, tueddent i or-ddweud. Ac yn drydydd roedd eu dull o fynegi rhifau mor ddychrynllyd o letchwith ... Ystyriwch y ffigyrau Rhufeinig sy'n dangos (neu'n celu) dyddiad cynhyrchu rhaglen deledu – "MCMLXXXIV", er enghraifft, ar gyfer "1984". Sut mae amcangyfrif â ffigyrau fel yna? Nid tan y ddegfed ganrif OC (a hynny trwy Arabiaid al-Andalus) y derbyniodd y gorllewin ryw fersiwn o'n ffigyrau hylaw presennol. Hanesydd gonest oedd Appian, ond ychwaneger "efallai" at ei rifau ...

Cwrddodd Nobilior a'i 30,000 o filwyr â 25,000 o'r Arevaci, a lladdwyd 6,000 ar y ddwy ochr (efallai: ni ddylid dibynnu ar rifau colledion chwaith). Syrthiodd yr Arevaci yn ôl ar Numantia, lle cyrhaeddodd Nobilior dri diwrnod wedyn, ar ôl derbyn atgyfnerthiadau.

Tref o ryw hanner can erw oedd Numantia, yn sefyll ar ben bryn ynghanol gwastadedd garw, ac afon Duero'n llifo wrth ei throed. O gylch y dref roedd mur, ond nid un cadarn iawn efallai.

Arweiniodd Nobilior ei fyddin dros y gwastadedd tua'r dref, a daeth yr Arevaci allan i'w gyfarfod. Ond ymhlith atgyfnerthiadau Nobilior roedd arf dirgel – deg eliffant rhyfel o Affrica. Y ffordd i ddefnyddio eliffantod oedd eu cuddio tu ôl i'ch byddin tan yr eiliad olaf, yna agor eich rhengoedd yn ddirybudd a gollwng y creaduriaid ar y gelyn. A dyna a wnaeth Nobilior.

Erfyn grymus oedd eliffant rhyfel unrhyw adeg. I'r Arevaci, oedd heb erioed freuddwydio am y fath anifail, heb sôn am weld un, roedd rhai Nobilior yn arswyd pur. Ffoesant am eu heinioes tu ôl i furiau'r dref.

Ond mae un gwendid gan eliffant rhyfel. Os cyll ei limpin am ryw reswm, does ots yn y byd ganddo ar bwy mae'n ymosod, ffrind neu elyn. Cwympodd carreg o'r mur ar ben un o eliffantod Nobilior a'i wylltio, a gwylltiodd yntau'r holl eliffantod eraill â'i drwmpedu, ac am na fedrent neidio dros y mur troesant ar y Rhufeiniaid. Sathrasant, cornio a lluchio pawb oedd yn eu ffordd, a manteisiodd yr Arevaci ar yr hafog i ruthro allan a lladd tri eliffant a phedair mil o Rufeiniaid. Gorffennodd ymgyrch Nobilior yn ddisymwth. Dihangodd o Numantia i ddiogelwch pell ei wersyll gaeaf.

Dilynwyd Nobilior fel cadfridog gan Marcus Claudius Marcellus, a wnaeth heddwch â'r Arevaci a barhaodd am ryw ddeng mlynedd.

Yn 143 cc danfonwyd Quintus Caecilius Metellus Macedonicus, cadfridog ardderchog, yn erbyn yr Arevaci. Os concwerai cadfridog Rhufeinig genedl bwysig medrai fabwysiadu ei henw fel teitl – mi gofiwch y "Germanicus" hwnnw yn *I, Claudius* – a daeth Metellus yn "Macedonicus" trwy drechu Macedoniaid gogledd Groeg. Nawr llwyddodd i ddarostwng holl brif drefi'r Arevaci ac eithrio Numantia. Bu'r Arevaci, fel y gwelsom, yn gallu rhoi 25,000 o ryfelwyr ar faes y gad. Dim ond 8,000 fyddai gan Numantia ar ei phen ei hun.

Yn 142 cc daeth Quintus Pompeius Aulus â 32,000 o filwyr yn erbyn 8,000 Numantia. Ceisiodd warchae'r dref, ond gyrrwyd ymaith gan lawer cyrch mileinig, a daeth y Numantiaid ar ei ôl. Ble bynnag yr âi, roedd y Numantiaid wrth ei sodlau gan ymosod arno'n annisgwyl. Collodd gannoedd os nad miloedd o ddynion;

ni wyddai ble i droi. Doedd gan Appian ddim gair am ryfela felly, ond mae un gennym ni: *guerrilla*; gair a fathwyd gan Sbaenwyr diweddarach i ddisgrifio eu poenydio didrugaredd ar luoedd Napoleon.

Gorfodwyd Pompeius i gymodi â Numantia ar delerau ffafriol i'r Numantiaid. Ond pan ddychwelodd adref, gwadodd o flaen y Senat fod y fath gytundeb yn bod, a danfonwyd Gaius Hostilius Mancinus i barhau'r rhyfel.

Dioddefodd Mancinus yn waeth hyd yn oed na Pompeius, nes o'r diwedd gael ei warchae yn ei wersyll ei hun. I achub ei fyddin gwnaeth heddwch "cydradd a chyfartal" â Numantia – heddwch cwbl gywilyddus, hynny yw, o safbwynt Rhufain. Gwrthododd y Senat yr heddwch, ac yn 134 CC gyrrodd ei gadfridog gorau un, Publius Cornelius Scipio Aemilianus Africanus, yn erbyn Numantia.

Cafodd Scipio ei "Africanus" trwy orchfygu dinas Carthag, yng ngogledd Affrica, yn 146 CC. Bu Carthag yn un o ddinasoedd penna'r Cynfyd – yn fawr, balch, grymus a chyfoethog – nes iddi ddod yn benben â Rhufain. Yna curwyd hi mewn dau ryfel, ac mewn trydydd gan Scipio, a roddodd y gic olaf iddi. Ar orchymyn y Senat, llwyr ddinistriodd Garthag. Lefelodd y ddinas â'r pridd.

Ciwed o fyddin lac wangalon a etifeddodd Scipio yn Sbaen, ond buan y newidiodd hynny. Gyrrodd ymaith y parasitiaid – y puteiniaid, y masnachwyr, y ffug-broffwydi a fanteisiai ar filwyr ofnus. Gwnaeth i'w ddynion hyfforddi'n galed, bwyta bwyd plaen a chysgu ar wellt – ac ef a roddai'r esiampl. Magodd fyddin ddisgybledig, wydn.

Martsiodd Scipio ei fyddin ar hyd a lled y wlad gan sicrhau ei awdurdod ar y llwythau gorchfygedig. Bob nos ar y daith bu'n rhaid i'w filwyr osod gwersyll newydd a'i amgylchu â ffos a chlawdd – a bore trannoeth ei chwalu. Daethant yn feistri ar godi amddiffynfeydd.

Pasiodd yr haf, ac yng ngwanwyn 133 CC gwersyllodd Scipio ger Numantia. Byddin o 60,000 oedd ganddo, gan gynnwys dynion o'r llwythau cyfagos a orfododd i'w helpu. Ond pan ddeuai'r Numantiaid allan i'w herio, gwrthodai ymladd. "Ffŵl yw'r cadfridog sy'n ymladd cyn bod angen," meddai. "Dim ond pan fo rhaid y bydd cadfridog da yn mentro."

Adeiladodd Scipio saith caer o gwmpas Numantia, a'u cysylltu â ffos a chlawdd. Tu ôl i'r clawdd palodd ffos arall a'i grymuso â stanciau. A thu ôl i'r cyfan cododd ragfur cryf, deg troedfedd o uchder ac wyth o led gyda thŵr bob can troedfedd. Ar y tyrau dododd gatapwltau a balistâu i daflu saethau, gwaywffyn a chreigiau i mewn i'r dref. Amgylchynodd Numantia yn llwyr. Mesurai mur Numantia 3 milltir o'i amgylch a mur Scipio tua 6 milltir, ac amrywiai'r pellter rhyngddynt o 300 i 1100 llathen. Yn ôl Appian, Scipio oedd y cadfridog cyntaf erioed i godi mur o gwmpas dinas a oedd yn awyddus i ymladd.

Roedd nofwyr a chychod bach yn dod â bwyd ac arfau i mewn i Numantia ar hyd afon Duero. Ond cododd Scipio dyrau o boptu'r afon a'u cysylltu â thrawstiau wedi'u harfogi â chleddyfau a gwaywffyn ac yn siglo gyda llif y dŵr. Wedyn ni allai neb na dim gyrraedd na gadael Numantia.

Ymosododd y Numantiaid yn fynych ar y mur Rhufeinig, ond roedd Scipio yn barod am hynny. 60,000 o ddynion oedd ganddo! Cadwai 20,000 ar y muriau a 40,000 wrth gefn, a phob un yn gwybod yn union ble i fynd a beth i'w wneud yn achos perygl. Ar bob tŵr safai gwylwyr a'u harwyddion rhybuddiol wrth law: baner goch i'w chwifio liw dydd, tân i'w gynnau liw nos. Hwyr a bore âi Scipio ei hun ar hyd y mur i arolygu'r trefniadau. A lle bynnag yr ymosodai'r Numantiaid, wele faner neu fflam yn codi, utgyrn yn seinio, negeswyr yn gwasgaru, milwyr yn rhuthro, a rhengoedd haearn y Rhufeiniaid yn cau'n glep o'u blaen.

Un noson dywyll llwyddodd chwech o Numantiaid i groesi'r llinell Rufeinig trwy gyllellu gwylwyr ar y mur. Aethant o gwmpas trefi'r Arevaci i erfyn am gymorth, ond nis cawsant. Ofn Scipio oedd ar eu ffrindiau.

Aeth llysgenhadon o Numantia at Scipio i drafod amodau

heddwch, ond doedd dim diddordeb ganddo – rhaid ichi ildio'n ddiamod, meddai. Pan ddychwelodd y llysgenhadon i Numantia, fe'u dienyddiwyd am gario newydd drwg.

Aeth y misoedd heibio a gwasgai newyn a phla ar y Numantiaid. Pan ddaeth eu bwyd i ben, dechreusant fwyta cnawd y meirw. Yna dechreuodd y cryf ymosod ar y gwan. Ac o'r diwedd ildiasant i Scipio ar un amod yn unig: sef cwta ddiwrnod o ras i'r rhai na fynnent golli eu rhyddid gael cymryd eu bywydau eu hun.

Wedyn daeth y Numantiaid allan, yn llwglyd a charpiog, yn flewog, brwnt a drewllyd – fel "bwystfilod gwyllt," medd Appian – ac yn eu llygaid ryw olwg frawychus o ddicter, galar, blinder a'r adnabyddiaeth o fwyta'u cyd-ddyn. Rhoesant eu hun ar drugaredd Scipio. Fe'u gwerthodd i gaethwasanaeth a lefelu eu tref â'r pridd.

Gwnaeth Appian yn fawr o'r cyferbyniad rhwng "y ddwy ddinas anorchfygol" a ddinistriwyd gan Scipio: Carthag "fawreddog", "ffyniannus", "ymerodrol", a Numantia "farbaraidd", "amhoblog" … At ei "Africanus" ychwanegodd Scipio "Numantinus": teyrnged iddo'i hun; teyrnged fwy i orchest a thrasiedi Numantia …

O fewn munudau i adael Soria roedden ni mewn dyffryn llydan heulog â gorwel mynyddig, ac yna ym mhentre bach Garray. A dacw fryn Numantia gwpwl o filltiroedd i ffwrdd ynghanol y gwastatir.

Ond nid dyma a ddisgwyliwn! Disgwyl roeddwn i ryw gadarnle clogwynog anhygyrch – rhyw ail Albarracín … Yn lle hynny, wele dwmpath isel penfflat â llechweddau esmwyth, fel dysgl gawl wedi'i throi wyneb i waered … Gallai Scipio a'i 60,000 fod wedi trotian i fyny hwnnw wrth eu pwysau, llifo megis ton dros y muriau amrwd a meistroli'r 8,000 o Numantiaid mewn prynhawn. Felly pam na wnaethant? Oherwydd "ffŵl yw'r cadfridog sy'n ymladd cyn bod angen." Adwaenai Scipio benderfyniad a rhyfelgarwch Numantia. Sicrach erfyn newyn na chleddyf.

A fuasai modd i'r Numantiaid achub eu rhyddid? … Nid trwy ymladd; gwrthodai Scipio ymladd … Trwy ffoi at eu ffrindiau

cyn i'r Rhufeiniaid orffen eu mur? Pa ffrindiau, a phawb yn ofni
Scipio? ... Doedd dim dihangfa ... A pha werth gofidio am y di-
alw'n-ôl? ...

Roedd hi tua thri o'r gloch y prynhawn pan yrron ni i fyny'r
rhiw at Numantia. A dylem fod wedi rhag-weld ... Nid oedd mur
am gloddfeydd Numantia, ond roedd ffens a chlwyd, ac roedd y
glwyd ar gau. Doedd hynny ddim yn ormod o siom, oherwydd
lefelwyd Numantia â'r pridd, on' do? Olion Rhufeinig diweddarach
fyddai tu ôl i'r ffens.

Ar y llaw arall, roedd gennym dwll yn awr yn ein hamserlen.
Roedden ni am fod yn y Monasterio de Piedra erbyn cinio, ac
yn gobeithio cael cip ar dref Medinaceli ar y ffordd yno. Ond
beth i'w wneud yn ystod yr awr neu ddwy nesaf? Penderfynon ni
fynd i bentre Calatañazor, dri deg cilomtr o Soria ar y briffordd i
Madrid; roedd i fod yn fangre ddeniadol.

Mae hynny o enwogrwydd sy'n perthyn i Calatañazor – does dim
llawer – yn deillio o frwydr y dywedir iddi gael ei hymladd yno
yn y flwyddyn 1002 rhwng Moros al-Andalus, dan arweiniad eu
cadfridog mawr al-Mansur, a byddin Gristnogol o Castilla, León
a Navarra. Enillodd y Cristnogion a chiliodd y Moros i gadarnle
Medinaceli, lle bu farw al-Mansur o glwyfau a ddioddefodd yn y
frwydr.

Stori wladgarol braf, i Sbaenwyr! Ond breuddwyd gwrach
efallai. Mae'n wir i'r Moros anrheithio'r ardal yn 1002, ond mae'n
amheus iawn, medd haneswyr, a fu brwydr yn Calatañazor nac
yn unman arall yn y cyffiniau y flwyddyn honno. Gwir hefyd
mai yn 1002 y bu farw al-Mansur, oedd bellach yn hen ŵr, ond
mae'n debycach mai o'r gymalwst nag o glwyfau, a hwyrach nid
yn Medinaceli. Dim buddugoliaeth ddialgar wych yn Calatañazor
felly! ...

Troesom o'r briffordd i ffordd wlad, a toc dyma Calatañazor ar
fryn wrth ein hymyl, a lôn fach yn arwain i fyny ati. Gadawsom y
car wrth y gyffordd, lle byddai'n hawdd ymadael wedyn – roedden

ni wedi cael profiad cyn hyn o yrru'r hen Volvo anferthol yn ysgafala i berfedd pentrefi Sbaen a chael trafferth ofnadwy i ddianc.

Cerddon ni i fyny'r lôn, rhwng ceir twristiaid ar y naill law a chlogwyn llwm bargodog ar y llall. Yna roedden ni'n esgyn heol fawr drofaus Calatañazor – yr unig heol werth sôn amdani. Diffygio'n ddisymwth wnâi pob un a ganghennai oddi wrthi.

Y pethau i'w gweld yn Calatañazor, yn ôl y tywyslyfr, oedd tu mewn eglwys y plwyf, adfeilion tair neu bedair eglwys arall, y crocbren maen canoloesol, ac adfeilion y castell.

Gormod o adfeilion efallai? Yn ddiau gwelodd Calatañazor ddyddiau gwell. Bu'n dref lewyrchus unwaith, a theulu'r Padillas, arglwyddi'r castell, yn flaenllaw yn llywodraeth Sbaen. Ond diflannodd y Padillas oesoedd yn ôl, a phoblogaeth bresennol Calatañazor, yn ôl y cyfrifiad diwethaf, yw 66. Dirywiodd y dref fel dirywiodd Sbaen ei hun.

Gwlad gref a ffyniannus oedd Sbaen ers talwm. Dechreuodd ei Hoes Aur ym mlwyddyn ryfeddol 1492 gyda choncwest Granada a darganfyddiad America gan Columbus, ac am ganrif a mwy wedyn bu'n byrlymu â bywyd ac egni, yn ymgymryd â mentrau mawr. Enillodd ymerodraeth yn yr Eidal a rhai mwy yn y Caribî, Mexico a Pheriw. Dinistriodd wareiddiadau'r Asteciaid a'r Incaod, mewnforiai aur ac arian o'r Byd Newydd fesul llyngesaid, a gyrrodd allan yr Iddewon a'r Moriscos. Arweiniai Gristnogion y gorllewin yn erbyn Twrciaid y dwyrain, a Chatholigion y de yn erbyn Protestaniaid y gogledd. Roedd ei holl elynion niferus – yn Ffrainc, yr Almaen, Lloegr, yr Iseldiroedd – yn ofni ei lluoedd anorchfygol.

Rhyfel a dinistr, weithiau hunanddinistr! Ac roedd pryfed eraill yn y pren: Eglwys adweithiol ac Inquisición ormesol, arglwyddi cibddall a brenhinoedd tila – dwylo swrth yn gwasgu'r anadl o'r wlad.

Rhywbryd tua chanol yr ail ganrif ar bymtheg, daeth Sbaen i stop. Tra bu gwledydd eraill yn ymwareiddio ar syniadau newydd Gwyddoniaeth a'r Goleuo, neu'n ymgyfoethogi ar y Chwyldro

Diwydiannol, arhosai Sbaen yn ei hunfan. Aeth ei byddin yn fraich ddiffrwyth, chwalwyd ei hymerodraethau, parlysodd ei heconomi – disgynnodd rhyw lesgedd arni. Dysgodd y rhai fu'n ei hofni i'w dirmygu. Gwlad *gyntefig* oedd hi.

Nid tan ganol yr ugeinfed ganrif y dihunodd Sbaen o'i hirgwsg, wrth i gyfoeth gogledd Ewrop orlifo iddi. Yna darganfu rai o'i goludoedd ei hun: yn eu plith, cant a mil o drefi a phentrefi a fu'n dihoeni ers canrifoedd, yn crebachu ac adfeilio efallai, ond a gadwai rywfaint o swyn y gorffennol pell. Aeth ati i arbed rhai ohonynt, megis Calatañazor …

Man digon melancolaidd oedd yr heol fawr. Roedd yr haul wedi diflannu a chymylau wedi pentyrru, ac roedd popeth mewn gwahanol wawriau o frown: cobls y stryd, teils y toeau, plastr, cerrig a thrawstiau'r waliau; yn llwydfrown, dufrown, cochfrown, melynfrown, orenfrown a brownfrown … Dringasom heibio bythynnod cam, ambell fwlch lle bu bwthyn gynt, siop neu ddwy, bar, yr eglwys mewn stryd ochr, arcêd bren yn cynnal ffryntiau tai (saffach cysgu mewn stafell gefn efallai) … Ym mhen yr heol daethom i sgwâr lom – y Plaza Mayor – a thwristiaid yn dringo tua gweddillion y castell, a safai gerllaw ar ben y bryn yn erbyn cefnlen o wybren dywyll.

Ac yn sydyn dyma fellten yn fflachio o'r cymylau a glaw yn disgyn fel y môr a phawb yn sgrialu am gysgod. Cefais loches dan fondo tŷ tra prysurodd fy ngwraig am yr arcêd.

Sbonciai'r dafnau am fy nhraed. O stryd ochr ymddangosodd pâr o gariadon ynghlwm ym mreichiau ei gilydd, yn wlyb at eu crwyn (mi dybiaf) ond yn ddigon bodlon eu byd. Yna peidiodd y glaw ac euthum ar drywydd fy ngwraig, a'i chael yn prynu cardiau, fel sawl un arall, yn un o'r siopau.

Doedd hi ddim yn brynhawn am ymweld ag adfeilion, felly cychwynnon ni'n ôl i'r Volvo. Ond dyma'r glaw eto, yn drymach nag erioed, a chuddion ni dan fargod y clogwyn hwnnw gyda chwpwl a welsom yn Soria. Trodd y lôn tu allan yn afon.

Peidiodd y glaw drachefn a chwap roedd holl dwristiaid

Calatañazor gyda'i gilydd yn ceisio manwfro eu ceir yn y lôn gyfyng. Pawb ar ffo! Cyrhaeddon ni'r Volvo ac ymadael am Medinaceli.

Siwrnai o ryw awr oedd hi, ar ffyrdd bach trwy wlad goediog ymysg cawodydd. Siwrnai dyddiau a fuasai hi i al-Mansur (os aeth e'r ffordd yna o gwbl) achos yn ei henaint teithiai i bobman mewn lleithig oherwydd ei gymalwst.

Roedd Medinaceli ymhlith y trefi Arevacaidd a gipiwyd yn 143 cc gan Quintus Caecilius Metellus Macedonicus – "Ocilis" oedd ei henw pryd hynny. Trodd gydag amser yn dref Rufeinig. Ymhen canrifoedd daeth yn bencadlys adran ganol y Mers milwrol a sefydlodd y Moros ar draws Sbaen i wynebu'r Cristnogion. "Dinas fawr" oedd hi yng ngolwg croniclwyr y Canol Oesoedd.

Lle gwefreiddiol fyddai Medinaceli yr adeg honno, pan ymgynullai'r llu o bob cwr o al-Andalus i ymosod unwaith eto ar dir y Cristion. Pair o swn a symud! Ceirt llwythog, mulod, gweision a chaethweision, arfau llachar, baneri o lawer lliw, heidiau dirifedi o filwyr traed, ac arglwyddi balch (gyda thwrban a byrnws, simitar a cheffyl chwim) yn arolygu'r rhengoedd …

Gyrrwyd y Moros allan tua 1129, a daeth Medinaceli i feddiant Castilla.

Soniwyd uchod, wrth drafod Almazán, am y "brenin difeddianedig" Alfonso de la Cerda. Dyna ŵr a ddioddefodd wir gam, oherwydd ef oedd etifedd cyfreithlon brenin Castilla, Alfonso X y Dysgedig, ond pan fu farw hwnnw, yn 1284, cipiwyd y goron gan berthynas arall, Sancho IV y Dewr; ac er holl ymdrechion Alfonso de la Cerda, a chenedlaethau o'i ddisgynyddion, methwyd â'i hadennill.

Ond cafodd teulu de la Cerda gysur. Yn 1370 gwnaed Isabel de la Cerda, gorwyres Alfonso, yn Gowntes Medinaceli, ac yn 1479 dyrchafwyd Luis de la Cerda, Cownt Medinaceli, yn Ddug Medinaceli.

Ac fe ffynnodd Dugiaid Medinaceli! … Trwy briodi ag eraill o deuluoedd mawrion Sbaen, pentyrron nhw deitl ar ben teitl.

Unwaith ar ddeg yn Dduges mae'r Dduges bresennol, nid yn unig fel Duges Medinaceli ond fel Duges Alcalá de los Gazules, Camiña, Cardona, Ciudad Real, Denia, Feria, Lerma, Santisteban del Puerto, Segorbe a Tarifa – bob un yn unigol. Mae hi hefyd ddeunawgwaith yn *Marquesa*, bedair gwaith ar ddeg yn Gowntes, a dwywaith yn Is-gowntes. Pan wnaed cyfrifiad o dirfeddianwyr mwyaf Sbaen tua 1932, y Dug Medinaceli ar y pryd a ddaeth i ben y rhestr gyda 74,146 hectar i'w helw, sef ychydig yn fwy nag arwynebedd Ynys Môn ...

A dyma fynegbost i Medinaceli, a lôn gul yn gorwedd am ysgwyddau bryn Medinaceli fel lasŵ. Dringon ni heibio rhuban o hen ragfur a dod i ryw strwythur golau, gyda bwa mawr yn y canol a bwa bach ar bob ochr, a edrychai'n union fel Porth Triwmffaidd Rhufeinig ... Rhaid mai dyna oedd – beth arall sy'n edrych fel Porth Triwmffaidd Rhufeinig?

Ar ben y bryn safai teras o adeiladau twt yn edrych dros barc glaswelltog gyda choed uchel, maes parcio a golygfa dros ddyffryn ymhell islaw. Yng nghanol y teras roedd swyddfa dwristiaeth lle rhoes y ferch fap o'r dref inni ac awgrymu lleoedd i'w gweld: y Porth Rhufeinig, y Porth Arabaidd, Eglwys Fair y Dyrchafael (ond bod honno ar gau tan saith o'r gloch) – ond y dref ei hun gymaint â dim ...

Roedd yr awyr yn dal yn llwyd, ond os bu glaw yn Medinaceli roedd wedi sychu'n llwyr.

Aethom ar hyd stryd fach i *plaza*'r eglwys – un binwydden lydan hardd oedd yn ei chysgodi bron o wal i wal. Ymlaen wedyn ar hyd rhagor o strydoedd bach cul a throellog.

Dyma dref arall o garreg frown ... Ychydig o bobl oedd o gwmpas, hyd yn oed twristiaid. Roedd yno geir, ond dim un yn symud. Roedd popeth yn freuddwydiol o fwyn a marwaidd ...

Daethom allan i wastadedd anferth palmantog y Plaza Mayor, yn gwbl ddiaddurn, heb na ffynnon na choeden na blodyn, a dim ond un siop yn ei phedair ochr hir. Roedd Palas y Dugiaid yn llenwi un o'r ochrau hynny, ond plaen oedd hwnnw hefyd, onid yn hyll. Bu'r Dugiaid ar hyd y canrifoedd yn arglwyddi hael ar Medinaceli, ond anaml y deuent yma, rwy'n meddwl. Pam encilio i fan mor gysglyd pan oedd gennych balasau gogoneddus yn Sevilla, Toledo, Madrid …?

Roedd tri phlentyn bach yn reidio'u beiciau ar y Plaza. Câi'r ieuenctid dro i sglefrfyrddio yma'n nes ymlaen efallai; os oedd gan y dref ieuenctid.

Dechreuodd fwrw, a symudon ni a'r ychydig dwristiaid eraill tua'r siop, gan brysuro'n cam wrth i'r glaw drymhau. Enw rhyfedd oedd dros ddrws y siop: "Dosbarth Archeolegol a Mosaigau Rhufeinig". Wydden ni ddim fod mosaigau Rhufeinig yn Medinaceli.

Roedd poster am y mosaigau yn y ffenestr. Roedden nhw'n edrych yn eithaf difyr, fel y bydd mosaigau Rhufeinig, gyda lluniau o angenfilod ac ati. Daethpwyd o hyd iddynt ychydig flynyddoedd yn ôl wrth ailbalmantu'r Plaza Mayor, yn ôl y poster.

Siop fel unrhyw siop dwristaidd oedd hi, ond bod stafell arddangos i'r naill ochr gyda sawl crair hynafol a dyrnaid o ymwelwyr hen ac ifanc yn hofran wrth y fynedfa.

Dyn tal sbectolog, hanner siopwr hanner sgolor ei olwg, oedd tu ôl i'r cownter. Gofynnodd a garem ymuno â'r wibdaith nesaf i weld y mosaigau, oedd i gychwyn ymhen ychydig funudau. Ond na, ar grwydro'r dref yr oedd ein bryd – y strydoedd cam, y *plazas* dirgel …

Peidiodd y glaw, a diflannodd y siopwr a'r ymwelwyr ar drywydd y mosaigau. Ymadawson ninnau, gan ddilyn ymyl y Palas i gyfeiriad rhyw gwfaint.

Ond dyma'r glaw eto, yn gynddeiriog. Rhuthrodd caredigion y mosaigau heibio inni yn chwilio am gysgod – pobl heini, hyd yn oed yr hynaf … Daethom i'r car, ac am nad oedd gobaith y gostegai'r glaw, cychwynnon ni am y Monasterio de Piedra.

Wel dyna siom! Wnaethon ni ddim gofidio am gael ein glawio allan o Calatañazor, ond lle cyfareddol oedd Medinaceli a buon ni'n ffyddiog bod pob math o gorneli gogleisiol annisgwyl yn ein haros yno. A gaem ni byth ddod y ffordd yma eto?

Tref "gadwedig", fel Calatañazor ac Albarracín, yw Medinaceli. Ond mae wedi ei chadw fel na fu hi erioed. Waeth pa mor bell yr aech i'r gorffennol, i'r amser pan oedd hi'n dref "go iawn", caech rywbeth i'ch poeni yno – y Palas wedi mynd â'i ben iddo, porticos yn gwegian, tai'n pydru, cardotwyr wrth gongl stryd, drewdod diffyg carthffosiaeth … Heddiw mae'n ddi-fefl (hynny a welsom ohoni), ac felly'n gelwydd – ond yn gelwydd golau.

Pwt o beth dinod oedd Porth Triwmffaidd Medinaceli, o'i gymharu â'r rhai mawreddog sydd ar glawr o hyd yn Rhufain. Ond roedd i'w weld am filltiroedd, wrth inni ddisgyn i'r dyffryn a dringo'r bryniau gyferbyn, yn silwét gosgeiddig yn erbyn y cymylau glaw.

O fewn chwarter awr roedden ni ar *autovía* Madrid-Zaragoza, cyfeiriad Zaragoza. (Does fawr o wahaniaeth rhwng *autovía* ac *autopista*, ond bod *peajes* ar yr ail ond nid ar y gyntaf.) Doedden ni ddim yn bell o Calatayud – "Bilbilis" y Rhufeiniaid – lle ganed tua 40 oc y dychanwr Ladin disglair, Marcus Valerius Martialis. Ond cyn cyrraedd honno dyma'r troad i Alhama de Aragón a'r Monasterio de Piedra.

Pan arhoson ni gyntaf yn y Monasterio de Piedra, rai blynyddoedd yn ôl, daethom ato trwy diroedd melyn talaith Teruel, a rhyfeddu ato fel gwerddon ddyfrllyd yn y sychdir. Rhaid mai syndod tebyg a deimlodd y mynachod arloesol, a ymgartrefodd yno yn y flwyddyn 1194 ar wahoddiad y brenin Alfonso II y Diwair o Aragón. Rhoddodd Alfonso ddewis o ddau safle iddynt ar gyfer mynachlog, un yn Cilleruelos, ger Teruel, a'r llall ar lannau afon Piedra. Wedi bwrw golwg ar Cilleruelos, yna croesi'r diffeithwch, buasai eu calonnau wedi llawenhau wrth weld Piedra.

Ond wrth ddod nawr o'r cyfeiriad arall, o'r *autovía*, gwlad hollol wahanol, yn werdd a llaith, oedd o'n cwmpas. Disgyn dyffryn afon Jalón roedden ni, a daethom cyn hir i Alhama de Aragón. Gair Arabeg am "faddonau" yw *alhama*, a cheir sawl Alhama arall yn Sbaen – Alhama de Granada, Alhama de Murcia, Alhama de

Almería … Dyna un o'r gwahaniaethau amlycaf rhwng Arabiaid a Sbaenwyr yn nyddiau al-Andalus. Roedd yr Arabiaid, fel y Rhufeiniaid gynt, yn hoff iawn o'u baddonau poeth cyhoeddus a dirmygent y Sbaenwyr am fod yn fudr a drewllyd. Casáu dŵr poeth roedd y Sbaenwyr a dirmygu'r Arabiaid am fod yn ferchetaidd o lanwaith. Erbyn heddiw, gwerthoedd Islam a orfu, ac un stribed ddi-dor o faddondai a gwestyau baddonol oedd Alhama de Aragón wrth inni yrru trwyddi.

Trodd y ffordd i'r bryniau a dilyn ymylon cronfa ddŵr nes cyrraedd pentref Nuévalos a dreif hir coediog y Monasterio de Piedra.

Pam trafferthodd Alfonso Ddiwair i sefydlu'r Monasterio? (Llysenwyd yn "Ddiwair", gyda llaw, am na chafodd blant tu allan i'w briodas, peth go anghyffredin ymysg arglwyddi'r oes.) Yn un peth, am y byddai'n pryderu'n arw am ei enaid – fel pawb arall yn y dyddiau hynny – ac yn gobeithio sicrhau lle iddo ym Mharadwys trwy ryngu bodd Duw. Doedd dim ffordd well i ryngu bodd Duw na thrwy waddoli mynachlog, ac un fantais o fod yn frenin oedd bod gennych y moddion i wneud hynny. Ond byddai hefyd gymhelliad bydol gan Alfonso, oherwydd, er mor ddiwair, teyrn cryf, hirben a galluog oedd e. Ail – os nad prif – bwrpas Piedra, fel sawl mynachlog arall a sefydlwyd gan frenhinoedd Cristnogol Sbaen yn y cyfnod hwnnw, oedd gwarchod tiroedd a berthynai gynt i'r Moros. Cadarnle milwrol, yn ogystal â chrefyddol, oedd e. Ac nid trwy hap y cyflogai lafurwyr o *conversos*, sef Mwslimiaid lleol a drowyd, o'u bodd neu'u hanfodd, i Gristnogaeth.

Tri mynach ar ddeg o'r Monasterio de Poblet yn Catalonia a arloesodd y Monasterio de Piedra. Roedden nhw'n perthyn i Urdd y Sistersiaid, a sefydlwyd yn Cîteaux, Ffrainc, yn 1098, ac a ledaenodd mor gyflym nes bod ganddi ryw 500 o fynachlogydd erbyn 1200, wedi'u gwasgaru ar hyd a lled Ewrop Gatholig, o Sbaen a Phortiwgal i Norwy a Phwyl, o Rwmania a Hwngari i Iwerddon a Chymru. Rhyw bymtheg abaty fu ganddi yng Nghymru, a'r rheiny gan mwyaf wedi eu noddi gan dywysogion

Cymreig. Roedd y werin yn eu hoffi'n fawr – yn wahanol i'r abatai a noddid yng Nghymru gan ormeswyr estron.

Camp enwocaf y Monasterio de Piedra, yn ystod ei 642 o flynyddoedd o ymdrechion ysbrydol, oedd cynhyrchu siocled am y tro cyntaf erioed yn Ewrop. Bu hynny tua 1535, yng nghegin fawr fyglyd y Monasterio. Rhoddwyd y ffa fel anrheg i'r Abad gan Fray Jerónimo de Aguilar, brawd lleyg Sistersaidd a ddaeth â nhw adre o America lle bu'n helpu Cortés i orchfygu Mexico. Diod chwerw fyddai siocled y mynachod, rwy'n meddwl. Eraill, ganrifoedd wedyn, a ddyfeisiodd y melysbethau a fwynhawn heddiw.

Diddymwyd abatai Cymru a Lloegr gan Harri'r Wythfed rhwng 1536 a 1541, nid lleiaf er mwyn codi arian i'r Goron trwy werthu eu heiddo. Yr un modd, pan ddeddfwyd yn 1835-7 i gau'r rhan fwyaf o abatai Sbaen – gan gynnwys Piedra – y prif ddiben oedd llenwi coffrau gwag y llywodraeth trwy werthu eu hasedion. Ond roedd diben ideolegol hefyd, yn deillio o ddysgeidiaeth Masnach Rydd. Disgwylid i holl economi Sbaen elwa trwy ryddhau tir o "law farw" y mynachod a'i drosglwyddo i fuddsoddwyr uchelgeisiol i'w ddatblygu.

A dyna fu tynged y Monasterio de Piedra, ar ôl i'r mynachod ymadael. Trowyd yr ystad yn barc. Agorwyd fferm bysgod gyntaf Sbaen yng ngwaelod y dyffryn (heddiw mae'n cynhyrchu brithyll cyffredin a brithyll enfys). Addaswyd corff y fynachlog yn westy, a chelloedd y mynachod yn stafelloedd gwely, a llynca'r ymwelwyr fwy o ddiodydd siocled a bisgedi siocled nag y gallai'r brodyr fod wedi breuddwydio amdanynt. Gwir i'r eglwys golli ei tho, ond cyn y preifateiddio efallai …

Gadawson ni'r Volvo yn y maes parcio ac olwyno'n paciau, sbonc-sbonc, i lawr grisiau carreg garw, a dod i'r dderbynfa. Roedd ein stafell ar y trydydd llawr, a daethom o'r lifft i goridor llydan, uchel, to-crwm ac mor hir fel prin y gellid gweld ei ben draw. Y pen draw oedd troad ar ongl sgwâr a agorodd ar goridor arall tebyg, ac roedd ein stafell ym mhen draw hwnnw. Stafell hyfryd oedd hi, a'r balconi'n edrych dros resi taclus o winwydd.

Doedd dim syched ar fy ngwraig ar ôl y teithio, ond mi roedd arna i, a llwybreiddiais yn ôl i lawr i'r dderbynfa i chwilio am y bar, ond doedd dim un i'w weld.

"Oes dim bar?" holais y llanc wrth y dderbynfa.

"Oes, Bar El Granero," meddai. "Cymrwch y lifft yn ôl i'r trydydd llawr, yna disgyn y staer i'r llawr isaf drachefn." Od iawn.

Roedd Bar El Granero yn fawr a thywyll, ac yn wag ond am y barman a fi. Roedd yno gonglau dirgelaidd a dwsinau o gadeiriau esmwyth lledr, a lawnt tu allan gyda mur o'i chwmpas a choed a meinciau, lle buaswn wedi mynd i eistedd gyda'm gwydraid oni bai ei bod yn glawio eto. Bar cysurus dros ben oedd e.

"Cwrw, os gwelwch yn dda," meddwn wrth y barman.

"Cwrw estron ynteu cwrw Sbaen?" Dangosodd boteli imi. Rhyw fath o Heineken oedd y cwrw estron.

Twrist oeddwn, felly "Cwrw Sbaen," meddwn.

A chwrw gwir ddiddorol oedd e, yn ôl y label: "Cwrw Abaty Yuste. Gwnaed â brag haidd lleol, yn unol â thraddodiad y Meistr-fragwyr a ddaeth o Fflandrys i wasanaethu'r Ymherodr Siarl V, pan ymddeolodd i Abaty Yuste bron pum can mlynedd yn ôl." Abaty a gefnoga abaty! A buon ni yn Yuste dro'n ôl wrth ddilyn hynt yr hen Ymherodr.

Doedd y cwrw ddim cystal â'r label, ond cedwais y botel fel swfenîr; a sylwi, wedi cyrraedd adref, ar y print mân mân: "Gwnaethpwyd yn Sevilla gan Heineken España SA."

Naw o'r gloch: amser cinio. Mewn encil wrth ddrws y *restaurant* safai hen feic modur Royal Enfield, a yrrodd rhywun (meddai'r plac) bob cam o Tibet i'r Monasterio rywbryd yn y 1950au. Buasai'n ddefnyddiol at deithio'r coridorau.

Cawsom ginio arbennig o dda, mewn stafell eang gysgodol. Roedd 'na gawl oer, *courgette* wedi'i stwffio â physgod a pherdys, *escalope cordon bleu* … Cafodd fy ngwraig frithyll o'r fferm bysgod. "Monasterio de Piedra" oedd yr enw ar ein potelaid o win gwyn; ond rwy'n amau a ddaeth y grawnwin o'r winllan fach dan ein balconi …

5 Monasterio

MONASTERIO DE PIEDRA – LOARRE

Parc y Monasterio de Piedra yw'r lle harddaf yn y byd (neu'r ychydig bach o'r byd a welsom hyd yma). Dyna pam roedden ni wedi dod am yr eildro, i gerdded eto ymysg ei greigiau a'i ddyfroedd.

Agorai'r Parc am naw o'r gloch y bore ac roedden ni wrth y glwyd yn brydlon i godi'n tocynnau – tocynnau rhad ac am ddim i westeion y gwesty. Roedd nifer o bobl wrth y glwyd yn barod, rhai a welsom wrth ginio neithiwr ac yn cludo'u brecwastau bore 'ma o'r bwffe. Roedd yna ddyn a merch o'r Almaen (heicwyr cyhyrog gyda throwsus byr, esgidiau trwm a sachau cefn), ond Sbaenwyr oedd y gweddill: dwy fenyw dew siriol ganol-oed; gwraig oedrannus fywiog gyda gwallt du ac wyneb llym efo'i mab oedd rywsut yn rhy fwyn ac araf ei olwg, ac yn rhy hen i fod gyda'i fam; pâr o gariadon ifanc; a hen ŵr a gwraig – y gŵr oedd hynaf ac yn fyddar efallai, oherwydd siaradai'r wraig mor eithriadol o uchel a chroyw fel y gallwn i, hyd yn oed – heb fy nghymhorthion clyw, oedd yn dal dan felltith y peiriant golchi – ei chlywed o bellter, a'i *deall* weithiau.

Roedd gennym fap bach lliwgar o'r Parc, yn dangos y llwybrau mewn pinc a glas a "llwybrau ychwanegol" mewn du, gyda lluniau unigol pert o'r prif afonydd, pistyllau, coedydd, clogwyni ac ati. Datblygwyd y Parc o tua 1850 ymlaen dan arolygiaeth y perchennog ar y pryd, Don Juan Federico Muntadas, un o'r teulu a brynodd y Monasterio gan y llywodraeth; a chafodd pob atyniad ryw enw rhamantus ystrydebol: "Rhaeadr yr Enfys", "Craig y Diafol", "Baddon Diana", "Llyn y Drych", "Groto'r Arlunydd" (dim ogofeydd ym Mharc Piedra, dim ond grotos) ...

Aethon ni heibio lloc lle cynhelid sioeau adar ysglyfaethus, a thrwy lannerch laswelltog lyfn, a dan bwt o goedwig, a dod at lyn o ddŵr tywyll. Roedd yn y llyn glwstwr o fân ynysoedd dan drwch o goed tal a thyfiantach, a phomprennau bach yn eu cysylltu, a hwyaid. Roeddwn i'n ei hoffi'n fawr, felly es i am dro o'i amgylch.

Tu hwnt i'r llyn roedd "Rhaeadr y Drindod", lle cwympai gwyntyll o ffrydiau dros greigiau mwsoglyd uchel. Roedd fy ngwraig wedi cyrraedd yno o'm blaen, ac roedd hi'n eistedd ar fainc gyda'r ddwy fenyw dew.

Yn ymyl y rhaeadr dringai staer garreg serth, wedi'i nodi ar y map fel "llwybr ychwanegol"; ac wele'r wraig gyda'r llais croyw yn ei disgyn.

"Ydy'n werth mynd i fyny?" holodd un o'r benywod tew.

"Nac ydy!" meddai'r wraig lais croyw yn bendant.

Roedd hynny'n plesio'r ddwy fenyw dew yn arw – a'm gwraig hefyd, rwy'n ofni, er nad yw hi'n dew o gwbl. "Ond cer di os wyt ti eisiau," meddai wrthyf.

Cyrhaeddais ben y grisiau a dilyn trywydd troellog ymysg creigiau a rhedyn nes dod at "Wylfa'r Porth Du". Welais i ddim porth, ond roedd twr adfeiliog – rhan o hen amddiffynfeydd y mynachod, rwy'n tybio – a golygfa dros gopaon cnuog coed y dyffryn hyd at furiau'r Monasterio fan draw. Roeddwn i'n meddwl ei bod yn werth mynd i fyny. Yn ymyl y twr roedd cawell gyda hanner dwsin o fwlturiaid sorllyd. Daeth y fam a'r mab heibio, yna'r cariadon.

Es yn ôl at ben y grisiau. Ond roedd y "llwybr ychwanegol" yn parhau, fel "Rhodfa'r Gelli Lwyfenni", ar hyd rhimyn o dir uchel rhwng mur y Parc a chlogwyn. Llwybr llonydd a hyfryd oedd e,

dan gysgod coed deiliog (ond nid llwyfenni, rwy'n meddwl), felly
daliais i gerdded, gan fwriadu disgyn y grisiau nesaf. Ond doedd
dim grisiau nesaf, ac es ymlaen ac ymlaen, ac roeddwn bron wrth
y fynedfa cyn ffeindio ffordd yn ôl.

Roedd fy ngwraig yn eistedd yn amyneddgar … yn eithaf
amyneddgar … ar ei phen ei hun, ond bu'n sgwrsio â'r ddwy fenyw
dew, oedd yn dod o Sevilla a newydd fod yn Zaragoza.

"Lle poeth iawn yw Sevilla," meddai hi wrthynt.

"Ddim mor boeth â Zaragoza!"

Trodd dyfroedd Rhaeadr y Drindod yn nant a lifai rhwng y
llwybr a'r graig. Aethom heibio "Groto'r Panther", "Groto'r
Bacchante", "Groto'r Arlunydd" a chwymp uchel unionsyth y
"Cascada Caprichosa" …

Daeth nant arall i'r golwg, yn sboncio dros silffoedd carreg y
"Rhydiau Bach", a llwybr yn ei hymyl a ddilynais am ychydig.
Cwrddais â'r Almaenwyr, yn stompio'n ôl o ryw greigle anhygyrch,
a throais yn ôl wedi cyrraedd pont priffordd â thrafnidiaeth yn
rhuo drosti – doedd honno ddim ar ein map bach del …

Ymunodd y ddwy nant a syrthio trwy'r fforest i waelod
anweledig y dyffryn. Aethom ymlaen ar hyd llwybr a ddisgynnai'n
araf rhwng y coed, a dod at "Raeadr yr Ynn", lle tasgai cannoedd
o fân ffrydiau rhwng glaswellt a meini gwyrdd cyn treiglo dan y
llwybr i'r dyfnderoedd. Roedd y cariadon yno gyda'u camerâu, yn
sefyll bob yn ail gam i dynnu lluniau o'i gilydd yn erbyn cefndir
y ffrydiau …

Ymhen ychydig cwrddodd y llwybr â'r afon eto … Ond dyna
ddiwedd cwm uchaf Parc Piedra – a chwblhau rhan gyntaf y daith
– oherwydd ar unwaith diflannodd yr afon dros "Raeadr Cynffon
y March" i'r cwm isaf ymhell islaw.

Wrth ben y Rhaeadr roedd gorffwysfa, gyda chadeiriau a byrddau
a chiosg diodydd: syniad caredig, ond bod y ciosg ar gau …

Disgynnai'r Rhaeadr yn un rhuban disgleirwyn di-dor, dros
hanner canllath o uchder, i geunant tywyll rhwng muriau o graig.
Tu ôl i'r Rhaeadr cuddiai "Groto'r Enfys".

Pan ddarganfu Don Juan Federico Muntadas Groto'r Enfys ym mis Ebrill 1860, sylweddolodd fod atynfa ganddo. Ond sut roedd manteisio arni? Amhosibl cyrraedd y Groto o waelod y ceunant, llai byth o'r ochrau ... Felly tyllodd staer iddo oddi uchod, trwy'r graig fyw.

Roedd y staer yn hir, serth, troellog, llithrig a bygythiol, a buon ni'n cydio'n dynn yn y canllaw. Daethom at galeri a edrychai allan ar hyd gwddf y ceunant, lle byrlymai'r afon ymaith rhwng clogwyni. Arweiniai llwybr cul o'r galeri i berfedd y Groto.

Ystyriwch Jona yn safn y pysgodyn: düwch a llysnafedd o'i gwmpas; diferion praff yn syrthio; dwy res o ddanedd toredig (sef stalactidau'n crogi a stalagmidau'n codi); ceg agored, a rhuthr o ddŵr golau'n syrthio heibio iddi ...

Aethon ni wedyn dros bompren a thrwy dwnnel ac allan i'r cwm isaf, lle llifai afon Piedra fel unrhyw afonig ddel, gyda phyllau llonydd a cherrig, a heulwen yn hidlo trwy'r gwyrddlesni. A dyma'r fferm bysgod ("sefydlwyd yn 1867 gan Don Juan Federico Muntadas"): hanner dwsin o lynnoedd bach dan y coed, a chloddiau carreg yn eu gwahanu, a brithyllod yn cylchu yn y cysgod.

Daethom at "Lyn y Drych", yn wydraidd o glir a gwyrdd, â chlytiau o chwyn yn britho'r wyneb; ar y naill ochr, bryn gwgus "Craig y Diafol"; ar y llall, anferth o ddibyn mor syth â wal, a'i gopa'n ffin rhwng awyr a daear. Estynnai coedwig ar hyd glan y llyn, a chrynai ail goedwig yn y dŵr.

Aethom heibio rhaeadr arall, yn tywallt dros ochr y cwm cyn bwydo'r llyn a'r bysgodfa a diflannu i afon Piedra. Yna twnnel a phont eto, a llannerch, ac roedden ni'n dringo'r llwybr tua'r fynedfa, a'r ymweliad bron ar ben.

Goddiweddon ni'r ddwy fenyw dew o Sevilla a bu clebran hwyliog rhyngddyn nhw a'm gwraig.

"... Wedi blino ..."

"... Prydferth iawn ... wedi blino ..."

Aethon ni ar goll rywsut. Cawsom ein hun ar gwr torf o ymwelwyr yn cymeradwyo campau'r adar ysglyfaethus a'u gofalwyr. Dan sied agored gerllaw roedd adar eraill yn aros eu tro i berfformio – rhes o weilch a hebogiaid â gylfinau mileinig, bob un wedi'i glymu â chadwyn wrth stanc, fodfeddi tu hwnt i gyrraedd ei gymdogion …

Ac wele'r glwyd; a maes o law roedden ni'n cychwyn tua'r gogledd, am bentref Loarre wrth odre'r Pyreneau.

Roedd hi ychydig dros gan milltir i Loarre. Ymunon ni â'r *autovía* tu hwnt i Alhama de Aragón a disgyn heibio Calatayud i afon Ebro a Zaragoza …

Bu'r tymheredd yn fwyn ymysg dyfroedd a choedydd Piedra, ond ar yr *autovía* trawai'r haul yn ddidrugaredd ac roedd y Volvo'n ffwrn. Roedd y ddwy fenyw dew wedi dweud bod Zaragoza'n boethach na Sevilla. Allwn i byth â chredu *hynny*, ond roedd hi'n boeth iawn iawn.

Tua phump o'r gloch, ger pentref Zuera, hanner ffordd rhwng Zaragoza a Huesca, cawson ni ddiod oer a salad Rwsiaidd godidog yn y Bar El Molino, caffe trycwyr a'i lawr yn drwch o napcyns papur a bonion sigaréts.

Yn Huesca troesom i'r chwith tua Jaca, ac wedyn i'r dde ar hyd ffordd wlad am Bolea a Loarre. Gwelsom dref fach hynafol ar ben cefnen; dyna Bolea. Yna roeddem ar gyrion Loarre.

Peidiwch â phoeni os nad ydych wedi clywed am Loarre. Does dim gair amdani mewn tywyslyfrau Saesneg fel y *Rough Guide* a *Lonely Planet*, a dim ond digwydd taro arni wnaethon ninnau, wrth chwilio am ryw westy cyfleus ar y ffordd i Ffrainc. Ond mae tywyslyfrau Sbaen – neu o leiaf rhai Aragón – yn meddwl y byd o Gastell Loarre: "y gaer romanésg bwysicaf nid yn unig yn Aragón Uchaf ond yn Sbaen gyfan, onid yn Ewrop". Fe'i codwyd yn yr unfed ganrif ar ddeg gan frenhinoedd Aragón fel cadarnle yn erbyn Moros Zaragoza.

Pentref bach bach oedd Loarre – cymerodd oddeutu hanner munud inni gyrraedd y canol a chael hyd i'r swyddfa dwristiaeth, caban pren yng nghesail clamp o eglwys faróc. Roedd y drws ar glo, a darn o bapur wedi'i ludio ar y ffenestr – "Rydw i yn yr eglwys." Canmoladwy iawn … Symudon ni ymlaen ychydig gamau a dod i'r Plaza Mayor.

Plaza fawr groesawgar oedd hi, gyda pharc coediog yn ei pherfedd efo meinciau maen, ffynnon soniarus, grwpiau o ddynion yn sefyllian, grwpiau o ferched yn sgwrsio, a phlant yn cwrso ei gilydd dros y graean. Ar ymyl y Plaza safai'r "Pola Bar", a'r unig gwsmer yn clebran â'r gweinydd ymysg y byrddau gwag ar y pafin. Drws nesaf roedd ein gwesty, yr "Hospedería de Loarre", adeilad trillawr urddasol, a'r llawr uchaf yn rhes o ffenestri pengrwn del.

Rhoddwyd inni stafell olau, gysurus, gyda dwy o'r ffenestri del. Roedd yr Hospedería'n ymfalchïo yn ei luniaeth, a chawsom gip ar fwydlen yn y dderbynfa. Ond doedd cinio ddim tan naw – bron tair awr i'w lladd!

Cerddon ni'n ôl i'r caban twristiaeth, ond roedd y papur yn dal ar y drws, felly aethom rownd y gornel i'r eglwys. Roedd y ferch yn darlithio i gwpwl o ymwelwyr am goffr creiriau a ddyddiai o'r unfed ganrif ar ddeg – o'r ddeuddegfed efallai – ac a berthynai ers talwm i eglwys y Castell. Wedi iddi orffen, gofynnon ni am fap o'r pentre. Ond doedd dim un i'w gael – doedd fawr ddim i'w weld yn Loarre, meddai, ac roedd yn rhy fach i neb fynd ar goll …

Daethom ar draws y Calle Mayor – "yr Heol Fawr" – stryd fach ddolennog gerllaw'r Plaza gyda ffrwd denau o ddŵr yn llifo i lawr y canol; dim siopau, dim pobl, dim cŵn. Aethom o'r pen i'r gwaelod – o gaeau i gaeau – mewn pum munud. Troesom i stryd ochr a dod i gaeau ar unwaith. Ond cawsom olwg dda ar y Castell, ar ben craig rai milltiroedd i ffwrdd, ynghanol porfa arw a choed.

Croeson ni'r Plaza i ochr arall y pentre: dwy neu dair lôn fach gysglyd eto.

Cawsom ddiodydd o far yr Hospedería ac eistedd ar y teras i'w hyfed dan fachlud haul. Roedd y Plaza mor fywiog ag erioed – yn fwy bywiog, am fod y bobl ifanc yn cyrraedd. Roedd hanner dwsin o blant bach, tua chwech neu saith oed, yn rhedeg ymysg y coed dan lygaid eu mamau.

Ac yna – digwyddiad mawr y dydd! Cyrhaeddodd y bws ... Ymddangosodd o gyfeiriad Huesca, cylchu'r parc a sefyll o flaen y gwesty. Roedd pump o deithwyr ynddo, collodd un, ni chasglodd neb, yna baciodd yn garcus o gwmpas y parc cyn cychwyn yn ôl tua Huesca. Ond am gyffro! Gadawodd yr holl blant bach eu chwarae, sefyll yn rhes ar un o'r meinciau maen, a chwifio a gweiddi nes i'r behemoth ddiflannu o'r golwg ... A phob noson yr un fath, rwy'n tybio ...

Dwy funud wedi naw, a'r bwyty'n llawn o westeion yn gobeithio am ginio *gourmet*. Cawsom *gazpacho* oer gyda pherdys, a slic o olew olewydd ar ei ben; a chwningen dyner gyda saws gwin coch a thamaid o *purée* tatws; a photelaid o Chardonnay o'r Campo de Borja, y tu draw i afon Ebro; a phwdin ardderchog hefyd, er na chofiaf beth oedd.

Cyplau oedd y rhan fwyaf o'n cydginiawyr. Ond teulu o ddeuddeg, o boptu un bwrdd hir, a ddenai'r sylw. Roedd yno batriarch o dad-cu byr boliog, mewn trowsus cwta a strapen fawr ledr yn ei gynnal; a'i wraig yn *châtelaine* bwyllog wrth ei ochr; a dau dad a dwy fam a hanner dwsin o blant o amryw oedrannau ac ymddygiad. Parti braf! ... Ond dyfrwyr oeddent, heb na gwin na chwrw ar eu cyfyl. A byddai un tad ifanc – mab-yng-nghyfraith dirmygedig hwyrach – yn crwydro weithiau at y ffenestr i sbio allan ar firi'r Plaza, a hyd y gwelem nid ynganodd air trwy'r noson.

Es i am dro trwy strydoedd bach Loarre. Roedden nhw wedi dihuno! O gwmpas ambell ddrws ffrynt roedd hanner cylch o gadeiriau, a chymdogion yn sgwrsio wrth fwynhau claearwch y tywyllwch.

Amser gwely. Roedd ein stafell yn boeth iawn, felly agoron ni'r ffenestri. Ond roedd tipyn o stŵr o'r Plaza, a chaeasom nhw eto. Toc roedden ni'n mogi ac agoron ni nhw drachefn ...

Trawodd cloch yr eglwys ddeuddeg – a'i daro eilwaith myn diawl! Canol nos Sbaen, a'r wbwb o'r Plaza yn fyddarol ...

Trawodd y gloch un ...

Trawodd y gloch ddau. Roedd rhialtwch y Plaza ar ei anterth: yr hen yn clebran, yr ifanc yn gweiddi, y plant yn sgrechian, ffyddloniaid y Pola Bar ar eu huchelfannau …

Trawodd y gloch dri, ac roedd y lleisiau'n edwino. Gallem glywed cân y ffynnon …

6 Commissariat

Pan edrychon ni trwy'r ffenestri yn y bore, roedd y Plaza'n gwbl lonydd. Doedd dim pobl, a dim haul chwaith; roedd yr awyr yn llwyd, a thipyn o niwl yn cyrlio ymysg y coed. Lwcus inni gael ein cipdrem bell ar y Castell neithiwr, achos ni cheid un debyg heddiw ...

Ar ôl yr eglwys, yr Hospedería de Loarre oedd adeilad crandiaf Loarre yn hawdd, a holasom y perchennog am ei hanes. Dywedodd iddo fod yn Ayuntamiento, a chyn hynny'n ysgoldy, a hefyd yn dŷ'r ysgolfeistr, ac amser maith yn ôl yn *palacete* – "palas bach" – ond ni wyddai i bwy y bu hwnnw'n perthyn.

Cawsom frecwast, talu'r bil, llwytho'r Volvo a mynd i weld y Castell ...

Codwyd y gaer gyntaf ar graig Loarre gan y Moros ers talwm. Gwyddys hynny am i'r rhai fu'n adfer y Castell ganrif yn ôl ddarganfod ffenestr siâp pedol yn y ffasiwn Islamaidd yno. Aethpwyd â hi er diogelwch i Amgueddfa Huesca lle chwythwyd yn yfflon gan ynnau'r Rhyfel Cartref – "Rhyfel 1936" yng ngeiriad gofalus y tywyslyfr.

Cadwodd y Moros Loarre am dri chan mlynedd. Yna daeth y cyfnod o ymrwygiad a gwendid a ddilynodd farw al-Mansur, a thua 1030 cipiwyd Loarre gan Sancho Fawr, brenin Navarra ac Aragón, a gododd gastell cadarn, gyda muriau trwchus a thyrau, ar ben y graig. Ychydig filltiroedd i ffwrdd safai ceyrydd cyfatebol Bolea ac Ayerbe, eiddo arglwyddi Mwslimaidd Zaragoza. Dwy deyrnas, dwy grefydd – dau fyd – o fewn hyd braich i'w gilydd.

Yn 1071 ychwanegodd Sancho Ramírez, brenin Aragón, fynachlog at Gastell Loarre. Doedd dim byd od yn hynny: mynachod oedd "amddiffynwyr y Ffydd", gelynion naturiol Islam, a chynefin priodol iddynt oedd maes cad a ffin filwrol. Mynaich-ryfelwyr, o Urddau'r Deml a Sant Ioan ac o Urddau Sbaenaidd Calatrava, Santiago ac Alcántara, oedd hufen llawer byddin yn y Canol Oesoedd. Ymgnawdolir eu hysbryd Cristnogol-waedlyd ym mherson Jerónimo yn y *Poema de Mio Cid* – ef oedd y mynach a benodwyd gan El Cid yn esgob Valencia. Ar drothwy rhyw frwydr yn erbyn y Mwslimiaid, dywedodd Offeren – ac yna mynnodd wobr:

Pido vos un don e seam presentado:
las feridas primeras que las aya yo otorgadas.

Gofynnaf gennych rodd, a chyflwyner hi imi:
yr hawl i daro'r ergydion cyntaf.

A maes o law:

Non tiene en cuenta los moros que ha matado.

Ni all gyfri'r Moros a laddodd.

Y drwg efo mynachod, o safbwynt pensaernïol, oedd eu tuedd i "foderneiddio" eu mynachlogydd o gyfnod i gyfnod, gan ddinistrio'u cymeriad cynhenid. Ni ddigwyddodd hynny yn achos Loarre oherwydd cyn pen tri deg o flynyddoedd trosglwyddwyd y gynulleidfa i Montearagón ger Huesca – castell-fynachlog arall ar ffin Cred ac Anghred. Dyna un rheswm pam mae Loarre'n aros yn batrwm o gaer romanésg.

Ciliodd y ffin Fwslimaidd i'r de, ond plagiwyd Aragón gan ryfeloedd mewnol, felly parhaodd y Castell yn bwysig. Ymgasglodd gwladwyr i fyw yn ei gysgod, a'r cam olaf yn nhwf y Castell oedd estyn ei furiau i gofleidio'r pentref.

Erbyn 1500 roedd heddwch trwy Sbaen gyfan dan lywodraeth gref Fernando ac Isabel. Trodd y pentrefwyr eu cefnau ar y Castell a symud i lecyn mwy cyfleus, sef treflan bresennol Loarre. Tynged gyffredin ceyrydd a gollai eu pwrpas oedd bod eu meini'n cael eu canibaleiddio ar gyfer adeiladau eraill; ond arbedwyd y Castell rhag hynny gan ei safle anghysbell ...

Gadawsom Plaza Loarre a dilyn yr arwyddbyst tua'r Castell. Roedd y niwl yn fwy trwchus yn y wlad – yn llen dros y coed a'r caeau, a'r Castell a'i graig yn anweledig.

Daethom i odre'r graig, a dechrau dringo, ac âi'r niwl yn dewach ac yn dewach. Roedden ni'n cylchu o dro bachyn i dro bachyn, heb fedru gweld pumllath o'n blaen ... Pa mor agos oedd y dibyn tybed?

Cyrhaeddon ni faes parcio; ond ble roedd y Castell, yn y niwl hollguddiol? Crwydron ni'n ddall rownd yr asffalt nes taro ar glwstwr o finiau sbwriel, ac arwydd "I'r Castell" yn eu hymyl, a llwybr a aeth â ni at ddrychiolaeth adeilad: nid castell ond caffe a siop, lle prynon ni docynnau a chael sticeri bach glas i ddangos ein bod wedi talu. Treiglai ymwelwyr eraill trwy'r drws – tua ugain erbyn y diwedd. Ar ôl hanner awr ymddangosodd tywysyddes ...

Erbyn inni gychwyn allan, roedd y niwl wedi teneuo mymryn: digon, o leiaf, i ddatgelu siâp unig y Castell ar ben y graig, yn bictiwr o gastell rhamantus talog, a thalcen crwn yr eglwys yn chwyddo o'i ystlys; lle gwych i saethu ffilm gledd-a-chlogyn. Ond pictiwr anorffen oedd e; yn lle cefndir o wlad ac wybren, doedd dim ond caddug llwyd.

Aethom trwy borth yn y rhagfur, ac at ddrws y Castell, ac i fyny staer faen i'r eglwys. Allwn i ddim clywed gair a ddywedai'r dywysyddes, ond lladmerodd fy ngwraig imi weithiau.

I fyny eto, ac roedden ni yn rhan hynaf y Castell, ymysg y tyrau ac amryw gerrig a gweddillion. "Yr adfail yna oedd *dormitorio*'r mynachod," meddai'r dywysyddes. "A'r encil fach rownd y gornel oedd eu *letrina*."

Daethom at lwyfan agored ar ben y to, ond yn sydyn roedd y niwl yn dewach nag erioed. "Gallwch weld y wlad am filltiroedd o fan hyn fel arfer," meddai'r dywysyddes yn ddigalon. "Welais i *erioed* y fath dywydd yma!"

Yn ôl yn y maes parcio ymrithiodd ffurf dyn o'r tarth.

"Wyddoch chi ble mae'r Castell?" holodd.

"Draw fan'cw ... Byddwch chi ar y ffordd iawn os cwympwch dros fin sbwriel ..."

Cyn gadael y Castell, dyma rywbeth i feddwl amdano ... Tua thri deg milltir yw hi, fel yr hed y frân, o Loarre i oror naturiol Aragón yng nghopaon y Pyreneau. Rhyw dri deg milltir, felly, oedd lled arglwyddiaeth Aragón oddeutu 1030 pan gipiodd Sancho Fawr graig Loarre. Tebyg i hynny, dri chan mlynedd ynghynt, oedd lled yr Asturias, y gyntaf o dywysogaethau Cristnogol Sbaen, rhwng ei ffin naturiol (Bae Vizcaya) a'i ffin wleidyddol â'r Moros. Ond bob yn dipyn, rhwng brwydr Covadonga tua 720 OC a chwymp Granada yn 1492, adenillodd y Cristnogion Sbaen a Phortiwgal yn gyfan. Roedd fel petai'r Cymry – gan gychwyn o'u nythle bach yn y mynyddoedd ac ymestyn ar hyd y canrifoedd tua'r dwyrain, o gam i gam, heb unrhyw gynllun pendant – wedi ailfeddiannu Lloegr.

Ein bwriad wrth adael Loarre oedd mynd trwy Jaca (prifddinas gyntaf Aragón) a chyrraedd Ffrainc dros y Col du Somport ... Ar y Col dylai hyn o lith orffen, ond wnaiff hi ddim, achos gyda'r niwl roedd y jincs wedi dychwelyd ... Yn Ffrainc roedden ni wedi trefnu ymweliad yn y Gers a'r noson mewn gwesty ger Périgueux, yna'r noson nesaf ym Mharis, a'r fferi adre o Caen.

Arweiniai dwy ffordd o Loarre i Jaca, y naill trwy Ayerbe a'r llall trwy Huesca. Ffordd Ayerbe oedd ein dewis cyntaf, ond am ei bod yn droellog (a barnu wrth y Michelin), a bod niwl o gwmpas, penderfynon ni ar Huesca.

Ac wrth inni adael Huesca roedd placardiau melyn ar draws ein hanner ni o'r ffordd a heddlu'n fflagio arnom i arafu. O'n blaen estynnai un rhes ddifwlch o geir hyd y gorwel, yn llusgo mynd ar ryw bymtheg milltir yr awr. Ac eto, hwyrach mae ni oedd y rhai lwcus – doedd neb na dim yn dod o'r cyfeiriad arall.

Gwibiodd "car swyddogol" heibio inni, a "beic modur swydd-ogol", a rhagor o feiciau modur, a "char tîm" ac ambiwlans neu ddau – dim rhaid iddyn *nhw* arafu. Pasiodd car â phâr o feiciau ar ei do – gellid ei droi wyneb i waered a byddai'n dal i fynd. Am funud neu ddwy, ymhell o'n blaen, gwelsom linell o seiclwyr yn llafurio i fyny rhiw, tua ugain ohonynt, olwyn flaen wrth olwyn gefn.

Arhoson ni yn y mynyddoedd i gael petrol, a holais y ferch wrth y pwmp beth oedd ar droed. Doedd dim syniad ganddi, felly gofynnodd i'r llanc wrth y ddesg dalu.

"Y Tour des Pyrénées," meddai.

Allai hi ddim bod yn ras bwysig iawn, achos roedd raswyr a thraffig yn gymysg â'i gilydd ar y ffordd, a maes o law roedden ni'n dringo gallt gyda'r straglwyr. Pobl hollol ddiegwyddor oedden nhw, rhai'n criwsio yn sgilwynt ceir, eraill yn gafael mewn raciau to, neb yn *pedlo*. Roedd fan o'n blaen â seiclwr o boptu'r cab, y naill a'r llall yn cydio mewn drych aden.

Ychydig cyn Jaca, diolch byth, trodd y ras am y Col du Pourtalet gan adael rhwydd hynt inni trwy'r Col du Somport. Ond ffordd araf iawn oedd hi, yn troelli i fyny ac yna'n troelli i lawr. Draw yn Ffrainc daethom i bentref bach ac arwydd 50 cilometr yr awr. Arafon ni'n ufudd, yna, wedi pasio'r pentref, pwyso ar y sbardun drachefn. Ond yn rhy fuan. Neidiodd heddwas a heddferch o'r llwyni gan chwifio arnon ni i sefyll.

Dangoson nhw declyn tebyg i gamera inni, ac roedd yn darllen "91". Yna dangoson nhw lyfryn rheolau, a pharagraff yn dweud bod ganddynt hawl i atafaelu'r car am ei fod yn mynd mwy na 40 cilometr yr awr dros y cyfyngiad.

"Atafaelwch e, a chroeso!" meddwn. (Druan ohonynt, rhaid eu bod yn clywed yr un jôc wirion ganwaith y dydd.)

Ond wnaethon nhw ddim hyd yn oed roi ticed inni. "Gyrrwch yn fwy gofalus o hyn allan," meddai'r heddwas. "Efallai na fydd y pâr nesaf i'ch stopio yn bobl mor hynaws â ni ..."

Daethom i lawr i dref Oloron-Sainte-Marie, a bu'n rhaid cymryd *déviation* am fod yr heol ar gau. Aethom ar goll ar unwaith, a chael cyfarwyddyd gan blismon.

"Ond pam fod yr heol ar gau?" holodd fy ngwraig.

"O, mae 'na ras feiciau'n dod ffordd yma ..."

"Nid y Tour des Pyrénées?"

"Sut gwnaethoch chi ddyfalu?" ...

Roedden ni wedi colli oriau. Canslon ni'r ymweliad â'r Gers, a chanslo'r gwesty pell, a buon ni'n ffodus i gael stafell yn hwyr y nos yn Toulouse ...

Ond roedd y jincs heb orffen â ni eto ... Trannoeth daethom i Baris a dechrau chwilio am ein llety; nid yn y ddinas ei hun ond mewn maestref o'r enw Poissy, rhwng afon Seine a'r Fforest Saint-Germain. Bydden ni'n aros mewn bloc o fflatiau ynghanol parcdir wrth ymyl y fforest.

Cawsom hyd i'r parc, a lle smart iawn oedd e: nifer o adeiladau uchel del yn sefyll ymysg lawntiau a blodau. Gyrron ni o gwmpas yn edrych am ein llety – ac nid ni oedd yr unig rai efallai, oherwydd roedd car arall ar ein sodlau.

Daethom o hyd i'n bloc ni, a pharcio, a diflannodd fy ngwraig ar frys rownd y gornel at ddrws y ffrynt. Roedd hi wedi mynd ag allwedd y car, a bu i ffwrdd am dipyn o amser, felly fe'i dilynais a'i chael yn sgwrsio trwy'r intercom. Cymerais yr allwedd a phrysuro'n ôl i hel y paciau a chloi'r car.

Daeth dieithryn tal, henaidd tuag ataf: un o'r Ffrancod urddasol, boneddigaidd, caboledig hynny sydd rywsut, yn fwy nag aelodau unrhyw genedl arall, yn personoli "gwareiddiad".

"Ydych chi, neu'ch gwraig, yn berchen bag llaw du?" holodd.

"Fy ngwraig, ie."

"Mae wedi cael ei ddwyn," meddai. "Dyn gwyn aeth ag e. Daeth yn y car tu ôl ichi, cipio'r bag a diflannu fel fflach. Boi ifanc oedd e – nid fel chi, os ca i ddweud, nid fel minnau chwaith!"

Edrychais yn y car, a doedd dim bag yno. Ond allwn i ddim poeni gormod. Fy ngwraig wedi mynd heb ei bag llaw? Amhosibl! Prysurais yn ôl serch hynny, ac esgyn i'r fflat, a doedd y bag ddim ganddi ...

Hi neu fi oedd yn bennaf ar fai? Chi gaiff farnu ...

Rhuthron ni'n ôl i'r car; dim bag. A nawr roeddwn i'n cymryd y gŵr bonheddig o ddifri. Ond i ble roedd e wedi mynd? Chwifiais fy mreichiau mewn rhyw semaffor hurt, a daeth i'r golwg drachefn. Dywedodd iddo weld y digwyddiad o ffenestr ei fflat, a nodi rhif car y lleidr: 8083 YD 27. Mae'r "27" yn dynodi *département* Eure, yn Normandi. Os digwyddwch weld y car, rhowch wybod i'r awdur neu i heddlu Poissy!

Bu'n lladrad eitha od, yn fy marn i. Peth cyffredin ar y Costas yw clywed am ladron yn dilyn twristiaid o'r maes awyr a dwyn o'u ceir yn yr eiliad gwan rhwng cyrraedd a dadlwytho. Ond nid lle twristiaid yw Poissy, hyd y gwn.

Gyda'r bag aeth ein harian, ein cardiau credyd, ein pasbortiau, ein tocynnau fferi – ein holl fodolaeth am y pedair awr ar hugain nesaf! Treulion ni weddill y noson yn ffonio o gwmpas i geisio achub y sefyllfa.

Ben bore trannoeth aethon ni i lawr i'r Commissariat de Police – pencadlys yr heddlu. A dyna ochr olau'r trychineb, o'm safbwynt i. Ar hyd fy oes rwyf wedi bod yn ddarllenydd selog ar nofelau Maigret, ac roedd chwilfrydedd aruthrol gen i i weld tu mewn i Commissariat de Police.

Cawsom ddechrau da. Cyfnod am gyfnod, roedd y dderbynfa mor llwm a phrudd â phetai'r hen Commissaire ei hun yn dal i grilio troseddwyr lan llofft. Buon ni'n eistedd am dri chwarter awr ar fainc bren rhwng peiriant Coca-Cola a phoster o unigolion diflanedig, a phobl yn mynd a dod heb gymryd y sylw lleiaf ohonon ni.

Yna cawsom ein galw i fyny i'r swyddfa ... Ond ble roedd y stof ddrewllyd, y mwg baco, y cwrw a'r brechdanau? Ble roedd Lucas, Janvier, Lapointe bach a'u *patron* ysgwyddog digyffro, neu eu cyffelybion cyfoes? ... Mewn stafell lân ffenestrog roedden ni, a neb yno ond y Brigadier (sy'n cyfateb i "Ringyll") Sabine Ledent, merch yn ei thri degau efallai, mewn iwnifform drwsiadus las, yn eistedd tu ôl i gyfrifiadur ... Yn rhes ar hyd y waliau roedd lluniau amrwd a dynnwyd (rwy'n tybio) gan ei phlant ... Teipiodd hi ein *procès-verbal* â chyflymder a phroffesiynoldeb rhyfeddol, a rhoi copi inni. Y *procès-verbal* oedd y fersiwn swyddogol o'n datganiad llafar, a byddai'n anhepgor yn lle tocyn a phasbort ar ein ffordd adre ac ar gyfer yr yswiriant ac ati.

Yr Heddlu Cenedlaethol oedd biau'r Commissariat, ac awgrymodd y Brigadier ein bod yn trio'r Heddlu Lleol hefyd, achos fan'na roedd y cyhoedd yn debycaf o fynd â phethau coll. Croesawyd ni gan ddau heddwas, un yn groenddu a'r llall yn wyn, a gymerodd nodiadau am ein cwyn ac addo (gyda gwep a ddywedai "Dim gobaith!") rhoi gwybod inni petai rhywbeth yn troi lan.

Allan â ni i strydoedd Poissy, ac yn ôl i'r Volvo, a chychwyn am y fferi. Ac roedd y deryn melyn wedi hedfan ymaith a daethom yn ddiogel i Gaerdydd.

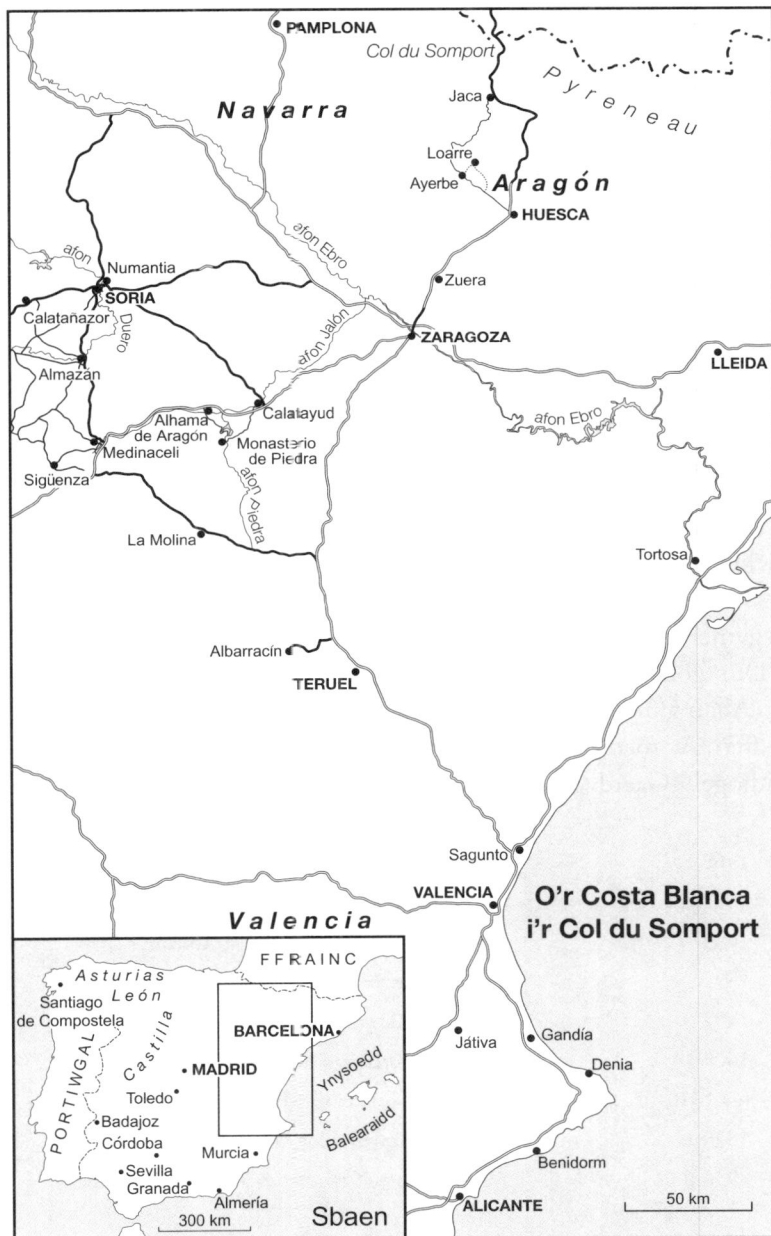

Dyddiadau Defnyddiol

218 CC-5ed ganrif OC	Rhufeiniaid yn Sbaen
133 CC	cwymp Numantia
tua 470-711 OC	Visigothiaid yn rheoli Sbaen
711-tua 720	Moros yn goresgyn Sbaen
tua 720	Brwydr Covadonga
732	Brwydr Poitiers: atal goresgyniad y Moros dros Ewrop
912-61	Abd al-Rahman III yn teyrnasu ar al-Andalus
976-1002	al-Mansur yn rheoli al-Andalus
tua 1012	dechrau oes y *taifas*
tua 1030	dechrau codi castell Loarre
tua 1043-1099	El Cid
1085	Moros yn colli Toledo i'r Cristnogion
1086-1155	Almorávides yn Sbaen
1118	Moros yn colli Zaragoza i'r Cristnogion
tua 1120-tua 1130	Moros yn colli Sigüenza a Medinaceli i'r Cristnogion
1139-40	Portiwgal yn dod yn deyrnas annibynnol
1147-1228	Almohades yn Sbaen
1194	sefydlu Monasterio de Piedra
1236-48	Moros yn colli Córdoba, Valencia, Murcia a Sevilla i'r Cristnogion
1469	priodas Fernando o Aragón ac Isabel o Castilla
1492-tua 1640	Oes Aur Sbaen
1492	cwymp Granada a diwedd al-Andalus
1492	Columbus yn darganfod America
1492	gyrru'r Iddewon o Sbaen
1609-14	gyrru'r Moriscos o Sbaen
tua 1810-tua 1824	Sbaen yn colli ei threfedigaethau ar dir mawr America
1830au	diddymu mynachlogydd Sbaen
1936-9	Rhyfel Cartref Sbaen: buddugoliaeth i Franco

MYNEGAI

91

al-Mansur, teyrn al-Andalus, 25-7, 28,
36, 63, 66, 81; ei fyddin, 26-7
Almazán, 16, 46, 50, 51-4, 66; fel tref
anghadwedig, 54; ystyr yr enw, 54
Almería, *taifa*, 27
Almohades, 35-6
almonau, 19
Almorávides, 29-30, 31-6, 43
al-Musta'in, brenin Zaragoza, 32
al-Mu'tamid, brenin Sevilla, 29
Alonso, Fernando, 46
Alpuente, *taifa*, 34
al-Qadir, brenin Toledo a Valencia,
29, 31-3, 35
al-Qaeda, 19
Altea, 10, 12
al-Walid, califf, 19
al-Zawahiri, 19
Alzira, 19, 33-4
America, 17, 19, 37, 64, 71
Appian, 58, 61, 62
Arabeg, 19, 24, 36; diwylliant, 27, 36,
39; enwau lleoedd, 19, 20, 54;
geiriau, 26, 30, 46, 69
Arabia, 19
Arabiaid, 19, 20; croniclau'r, 21
Aragón, 8, 18, 28, 35, 36, 38, 39-
40, 41-3, 54, 77, 81-2, 83, 84; a'r
Moriscos, 39-40; brenhinoedd, 18,
81-2 (*gw. hefyd* Fernando II, brenin
Aragón); teyrnas, 28, 35, 36, 38, 42,
43, 54, 83; tywyslyfrau, 77
Arevaci, 58-9, 61, 66
arian (metel), 64
arsenig, 17

Asteciaid, 64
Astorga, 25
Asturias, teyrnas yr, 20-1, 23, 36, 38,
84
AUMAR, 12
aur, 28-9, 64
autopista, 69; A7, 8-14, 16, 18-19, 41
autovía, 69; Madrid-Zaragoza, 69, 77
Avengalvón, 46-7
Ayerbe, 82, 84-5
ayuntamiento (neuadd y dref), 44
Azagra, Pedro Fernández de, 42
Azagra, Pedro Ruíz de, 43, 45

Badajoz, 24; *taifa*, 27, 28
baddonau, 69-70; Islamaidd, 39, 69-
70
Bae Vizcaya, 84
Baghdad, 23, 24
Baleares; *gw.* Ynysoedd Balearaidd
Banc CAM, 55, 57
Bar Azagra, 45-6
Barbary corsairs; *gw.* môr-ladron
Barcelona, 23, 25; cownti, 23, 28;
cowntiaid, 31, 35; *gw. hefyd*
Berenguer Ramón II; Ramón
Berenguer III
Bar El Molino, 77
Basgiaid, 23
basura (sbwriel), 12
Benidoleig, 19
Benidorm, 10, 19, 32
Benissa, 10, 13, 19
Berberiaid, 26, 27
Berenguer Ramón II, cownt